本書の特色と使い方

教科書の学習進度にあわせて，授業・宿題・予習・復習などに使えます

教科書のほぼすべての単元を掲載しています。今，学習している内容にあわせて授業用プリントとして
お使いいただけます。また，宿題や予習や復習用プリントとしてもお使いいただけます。

本書をコピー・印刷して教科書の内容をくりかえし練習できます

計算問題などは型分けした問題をしっかり学習したあと，いろいろな型を混合して出題しているので，
学校での学習をくりかえし練習できます。
学校の先生方はコピーや印刷をして使えます。

「ふりかえり・たしかめ」や「まとめのテスト」で学習の定着をみることができます

「練習のページ」が終わったあと，「ふりかえり・たしかめ」や「まとめのテスト」をやってみましょう。
「ふりかえり・たしかめ」で，できなかったところは，もう一度「練習のページ」を復習しましょう。
「まとめのテスト」で，力だめしをしましょう。

「解答例」を参考に指導することができます

本書 p 84 ～「解答例」を掲載しております。まず，指導される方が問題を解き，本書の解答例も参考に
解答を作成してください。
児童の多様な解き方や考え方に沿って答え合わせをお願いいたします。

1年 ① 目 次

1 なかまづくりと かず

2 なんばんめ

3 あわせて いくつ ふえると いくつ

1 なかまづくりと かず (1)
たりるかな ①

なまえ

● どちらが おおいですか。せんを ひいて くらべ
ましょう。おおい ほうの □に ○を つけましょう。

①

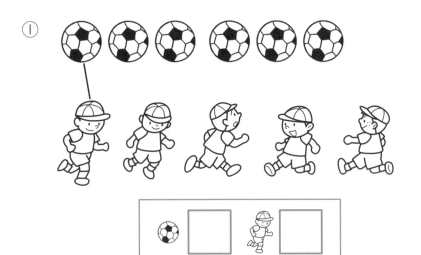

②

1 なかまづくりと かず (2)
たりるかな ②

なまえ

● どちらが おおいですか。かずだけ □に いろを
ぬりましょう。おおい ほうの ( )に ○を
つけましょう。

①

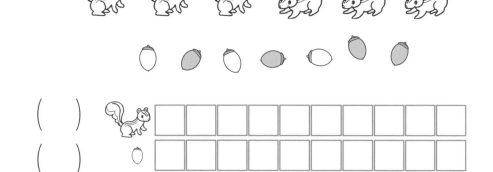

②

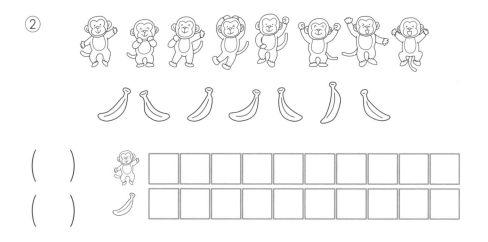

1 なかまづくりと　かず (3)
おなじ　かずの　なかまを　さがそう ①

● ☐☐と　おなじ　かずの　なかまを　◯で
かこみましょう。

　☐☐☐と　おなじ　かずの　なかまを　あかい
◯で　かこみましょう。

1 なかまづくりと　かず (4)
おなじ　かずの　なかまを　さがそう ②

● ☐☐☐と　おなじ　かずの　なかまを　◯で
かこみましょう。

　☐☐☐☐と　おなじ　かずの　なかまを
あかい　◯で　かこみましょう。

● えの かずだけ ◯ に いろを ぬりましょう。
　かずを なぞりましょう。

  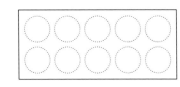 1 いち

  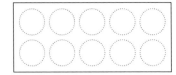 2 に

  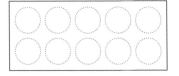 3 さん

 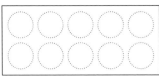 4 し

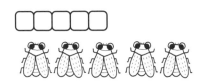 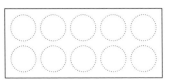 5 ご

● かずを ていねいに かきましょう。

 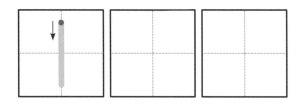

 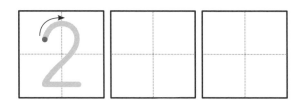

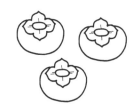 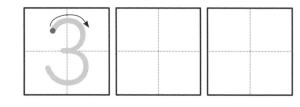

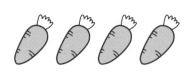 

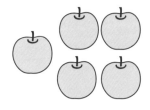 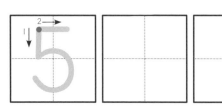

1 なかまづくりと かず（7）

おなじ かずの なかまを さがそう ⑤

● えの かずを すうじで かきましょう。

1 なかまづくりと かず（8）

おなじ かずの なかまを さがそう ⑥

● ぶろっくの かずを すうじで かきましょう。

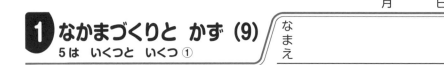
1 なかまづくりと かず (9)
5は いくつと いくつ ①

1 なかまづくりと かず (10)
5は いくつと いくつ ②

● ●と ○を みて，かずを かきましょう。

① ●が 3 こ，○が ☐ こ

5は 3 と ☐

② ●が ☐ こ，○が ☐ こ

5は ☐ と ☐

③ ●が ☐ こ，○が ☐ こ

5は ☐ と ☐

④ ●が ☐ こ，○が ☐ こ

5は ☐ と ☐

● ☐ に かずを かきましょう。

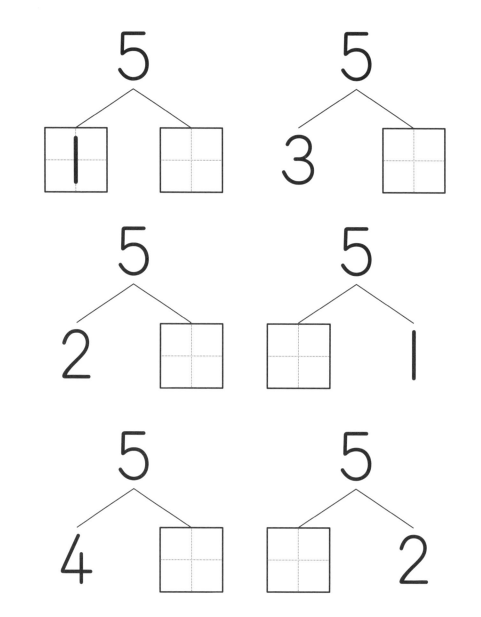

1 なかまづくりと　かず（11）
おなじ　かずの　なかまを　さがそう ①

● □□□□□□□と　おなじ　かずの　なかまを　◯で　かこみましょう。
　□□□□□□□□と　おなじ　かずの　なかまを　あかい◯で　かこみましょう。

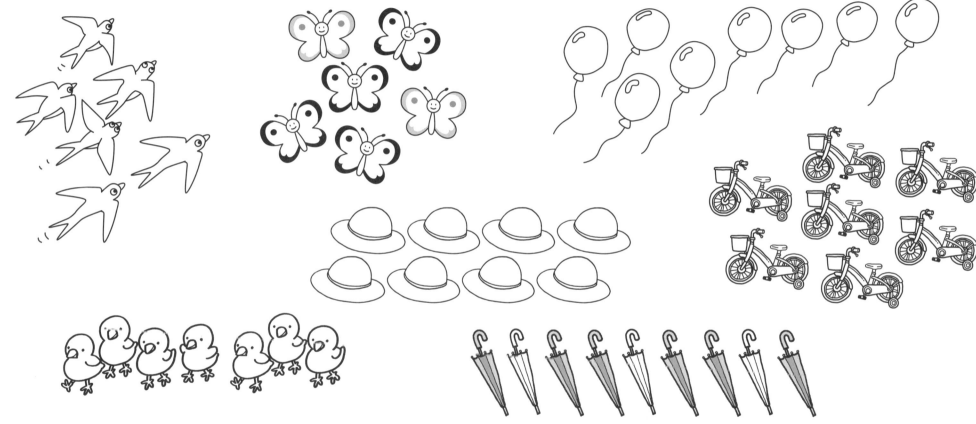

● えの かずだけ ◯ に いろを ぬりましょう。
　 かずを なぞりましょう。

  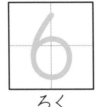
ろく

しち

 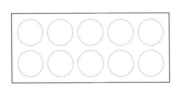 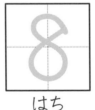
はち

 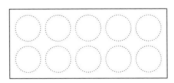 
く

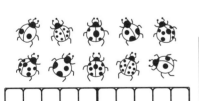  
じゅう

● かずを ていねいに かきましょう。

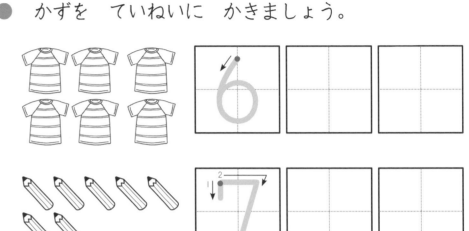

 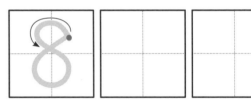

 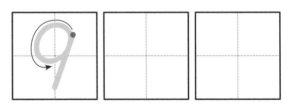

 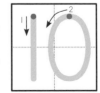

1 なかまづくりと かず（14）
おなじ かずの なかまを さがそう ④
なまえ

● えの かずを すうじで かきましょう。

---

1 なかまづくりと かず（15）
おなじ かずの なかまを さがそう ⑤
なまえ

● かずが おなじ ものを せんで むすびましょう。

6 ・　　・

10 ・　　・

 ・　　・

8 ・　　・ 7

 ・　　・ 9

● ◻ が 6こ あります。◐ でかくしています。
　⊞ に かずを かきましょう。

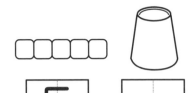

5 と ◻

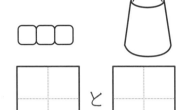

◻ と ◻

◻ と ◻

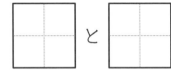

◻ と ◻

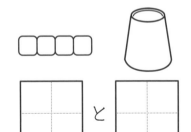

◻ と ◻

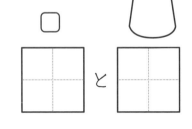

◻ と ◻

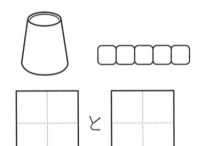

◻ と ◻

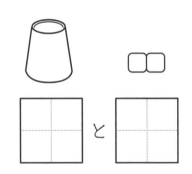

◻ と ◻

● ⊞ に かずを かきましょう。

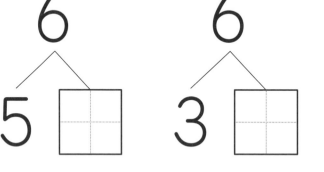

6　　5 と ◻
6　　3 と ◻
6　　1 と ◻

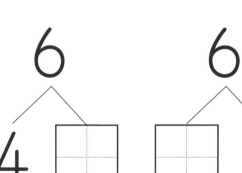

6　　4 と ◻
6　　◻ と 3

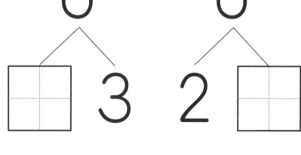

6　　2 と ◻

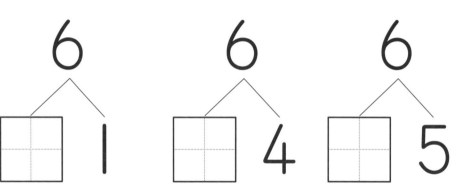

6　　◻ と 1
6　　◻ と 4
6　　◻ と 5

● □が 7こ あります。🫙でかくしています。
　□に かずを かきましょう。

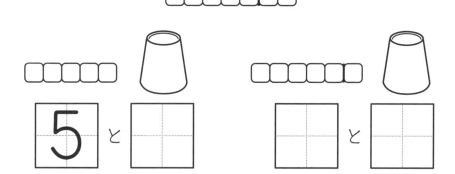

5 と

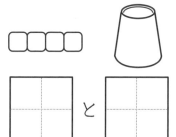
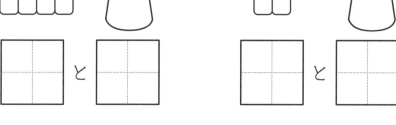

と

と

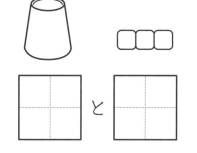
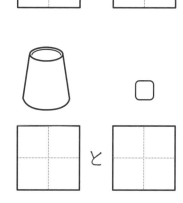

と

と

● □に かずを かきましょう。

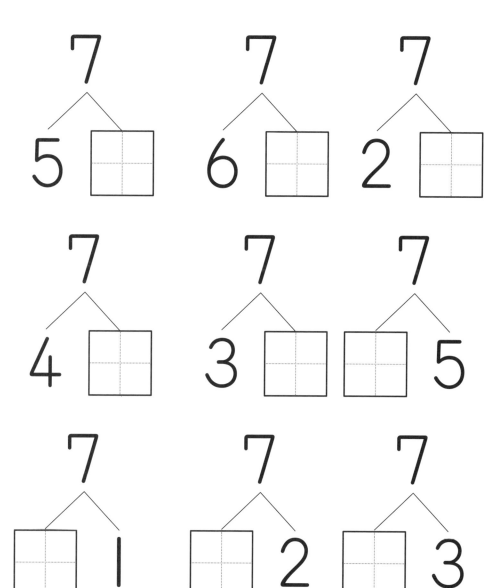

1　2つの かずを あわせて 8にしましょう。

5 と ☐　　7 と ☐

6 と ☐　　4 と ☐

2 と ☐　　3 と ☐

2　☐に，かずを かきましょう。

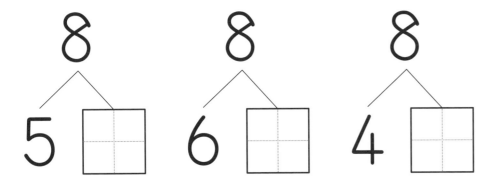

8　　　8　　　8
5 ☐　 6 ☐　 4 ☐

1　☐に かずを かきましょう。

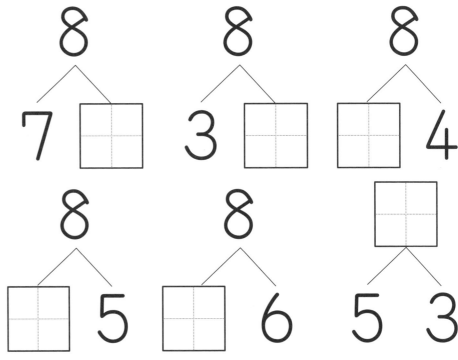

8　　　8　　　8
7 ☐　 3 ☐　 ☐ 4

8　　　8　　　☐
☐ 5　 ☐ 6　 5 3

2　えの かずを すうじで かきましょう。

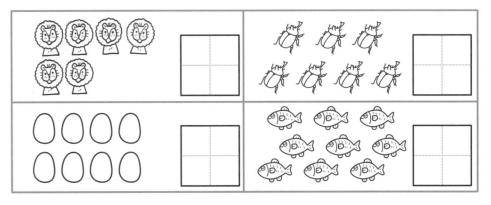

● 9は いくつと いくつですか。

5 と ☐　　8 と ☐

6 と ☐　　7 と ☐

4 と ☐　　1 と ☐

3 と ☐　　2 と ☐

● ☐ に かずを かきましょう。

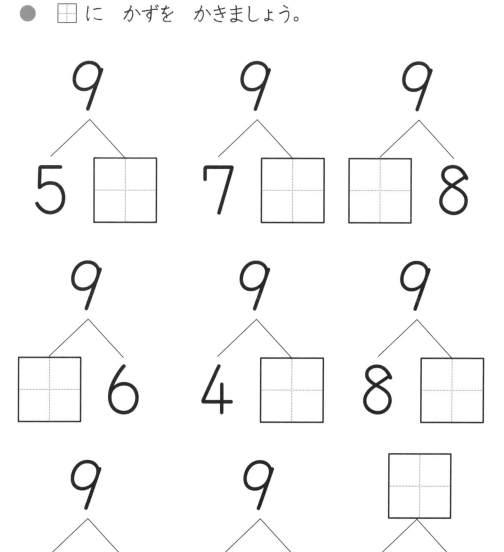

9　　9　　9
5 ☐　7 ☐　☐ 8

9　　9　　9
☐ 6　4 ☐　8 ☐

9　　9
3 ☐　2 ☐　☐
　　　　　　　6 3

● □が 10こ あります。みえて いる かずと かくれて いる かずは いくつと いくつですか。

① 　　□ と □
② 　　　　　　　　　　□ と □
③ 　　　　　　　　　　□ と □
④ 　　　　　　　　　　□ と □
⑤ 　　　　　　　　　　□ と □
⑥ 　　　　　　　　　　□ と □
⑦ 　　　　　　　　　　□ と □
⑧ 　　　　　　　　　　□ と □
⑨ 　　　　　　　　　　□ と □

● □ に かずを かきましょう。

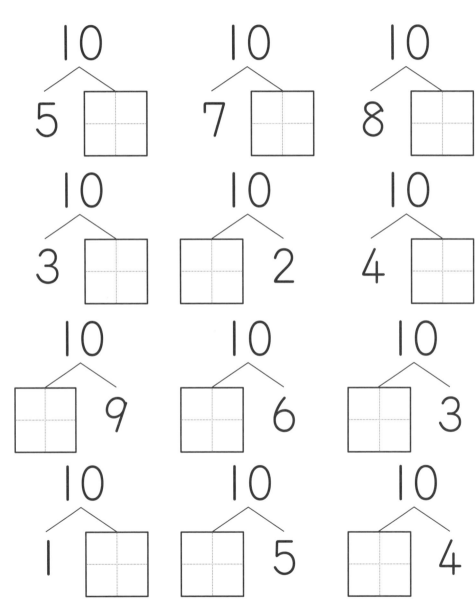

● □に かずを かきましょう。

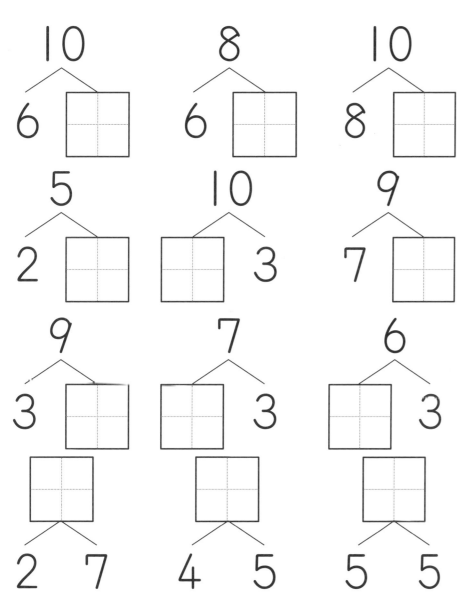

● □に かずを かきましょう。

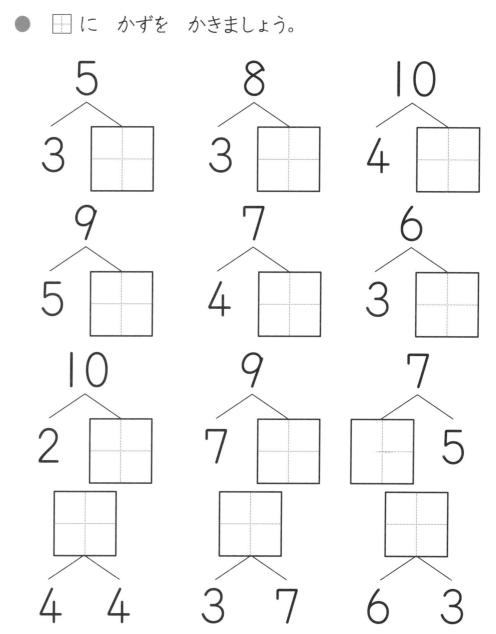

1 なかまづくりと かず (28)
いくつと いくつ⑬

なまえ

● 2つの かずで 10を つくります。たて，よこ，ななめで みつけて，せんで かこみましょう。

①
1	2	3	7
8	5	6	5
3	4	3	5
7	1	9	2

②
2	8	3	7
9	1	1	6
4	5	5	4
8	6	7	3

③
5	6	8	2	2	5
5	6	9	1	1	8
1	9	4	3	5	4
5	7	9	5	3	6
3	6	5	4	8	7

1 なかまづくりと かず (29)
いくつと いくつ⑭

なまえ

● えの かずを すうじで かきましょう。

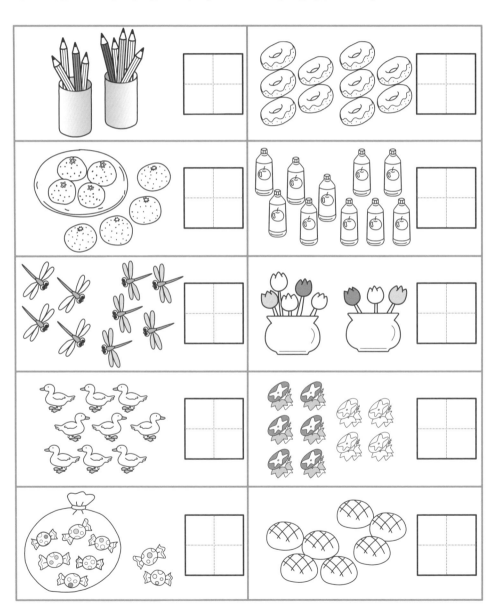

● ぶろっくの かずを すうじで かきましょう。

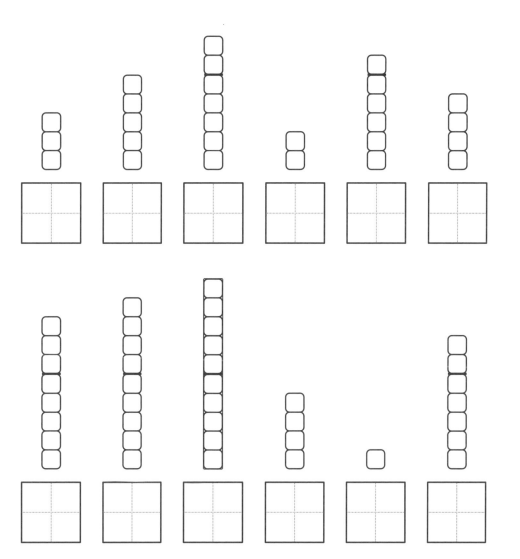

● かずの おおきい ほうの □ に ○を
つけましょう。

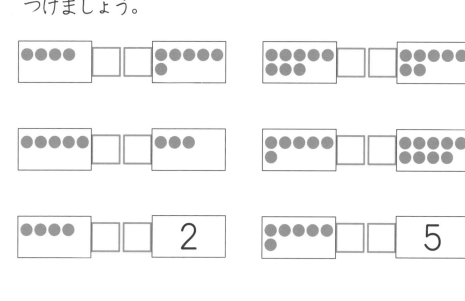

● □に あてはまる 1〜10の かずを
かきましょう。

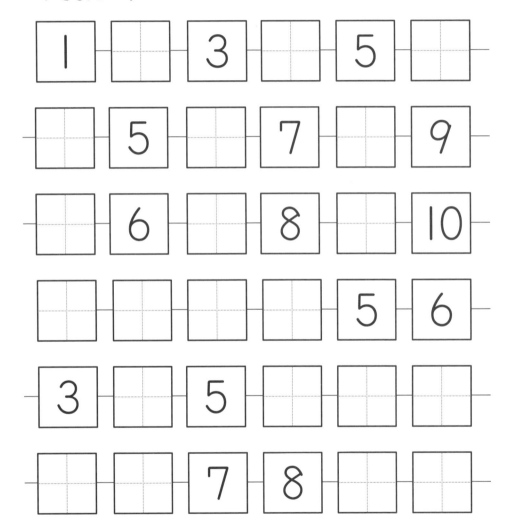

1		3		5	
	5		7		9
	6		8		10
				5	6
3		5			
		7	8		

● □に あてはまる 1〜10の かずを
かきましょう。

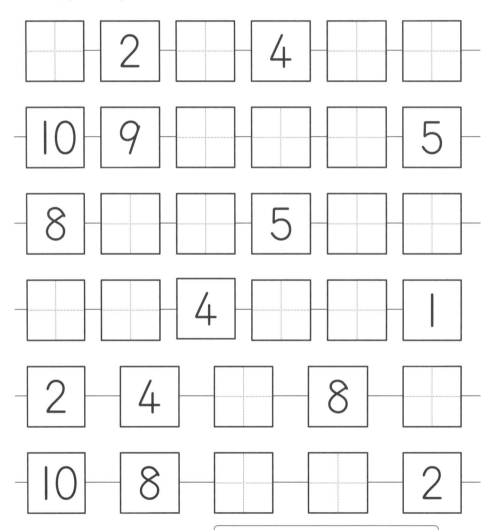

	2		4		
10	9				5
8				5	
			4		1
2	4			8	
10	8				2

どんな じゅんばんで ならんで いるのかな。

20

1 **なかまづくりと　かず (34)**
0と　いう　かず ①

① みかんの　かずを　すうじで　かきましょう。

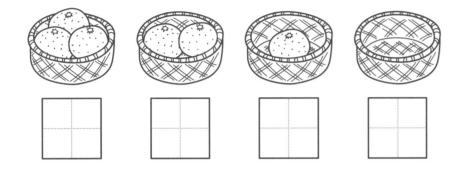

② 0を　かきましょう。

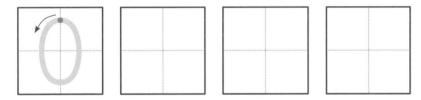

③ あめの　かずを　すうじで　かきましょう。

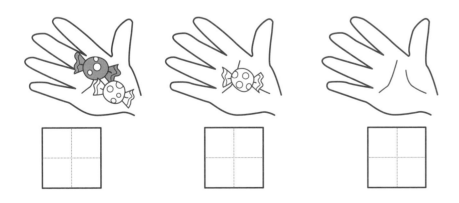

1 **なかまづくりと　かず (35)**
0と　いう　かず ②

① ばななの　かずを　すうじで　かきましょう。

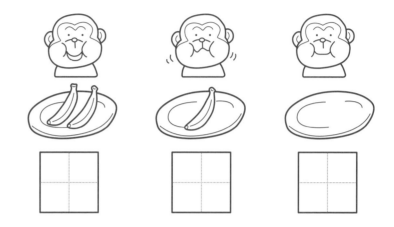

② □に　あてはまる　かずを　かきましょう。

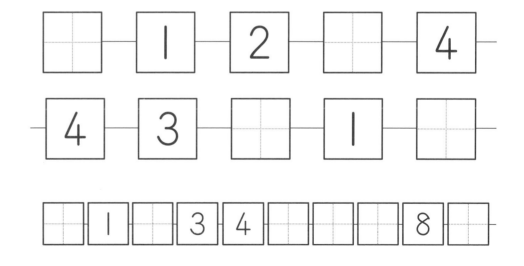

1 ふりかえり・たしかめ (1)
なかまづくりと　かず

① えの　かずを　すうじで　かきましょう。

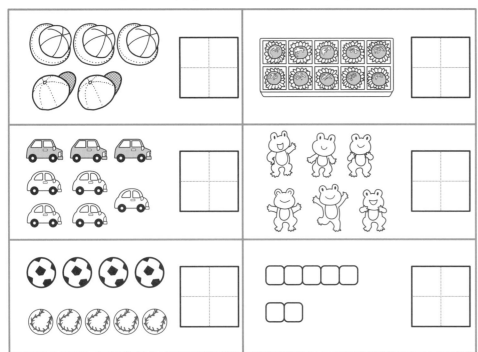

② かずの　おおきい　ほうの　□に　○を
つけましょう。

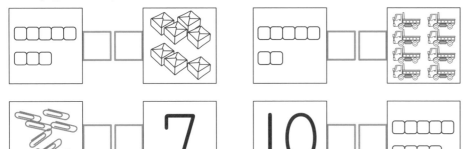

---

1 ふりかえり・たしかめ (2)
なかまづくりと　かず

① □に　かずを　かきましょう。

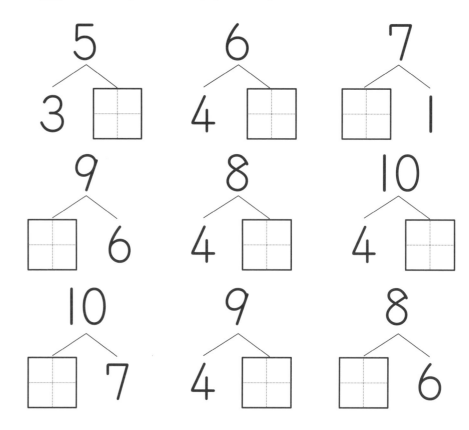

② 2つの　かずで　10を
つくります。
たて，よこ，ななめで
みつけて，せんで
かこみましょう。

3	5	7	9
5	8	3	1
4	3	2	6
7	5	4	9

1 まとめのテスト
なかまづくりと かず

[知識・技能]

① えの かずを すうじで かきましょう。(5×5)

② かずの おおきい ほうに ○を つけましょう。(5×3)

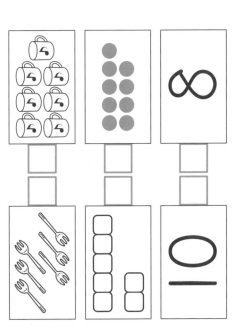

③ □に あてはまる かずを かきましょう。(5×2)

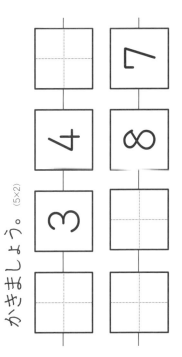

3　4　□　□

8　□　7

[思考・判断・表現]

④ □に かずを かきましょう。(5×6)

7 — 4 □
8 — 3 □
10 — □ 3
6 — 2 □
10 — 6 □
9 — □ 3

⑤ 2つの かずで 10を つくります。たて、よこ、ななめで みつけて、せんで かこみましょう。(4×5)

7	4	3	5
8	3	5	8
4	1	6	2
2	8	7	4

2 なんばんめ （1）

● ◯で かこみましょう。

① まえから　4にん

② まえから　4にんめ

③ まえから　5にんめ

④ まえから　5にん

⑤ うしろから　3にん

⑥ うしろから　3にんめ

2 なんばんめ （2）

● ◯で かこみましょう。

① まえから　3だい

② まえから　3だいめ

③ まえから　6だい

④ まえから　6だいめ

⑤ うしろから　5だいめ

⑥ うしろから　5だい

2 なんばんめ（3）

● えを みて，□に あう すうじを かきましょう。

うえ

①  は，

うえから □ ばんめ。

したから □ ばんめ。

② 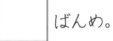 は，

うえから □ ばんめ。

したから □ ばんめ。

③  は，

うえから □ ばんめ。

したから □ ばんめ。

した

---

2 なんばんめ（4）

● □に あう やさいの なまえを かきましょう。

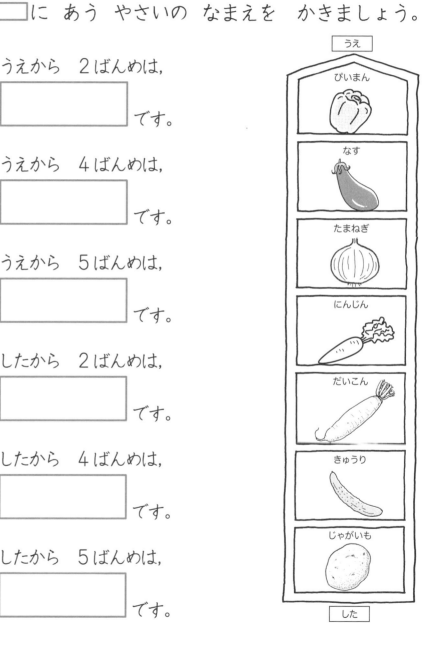

うえ

ぴいまん

なす

たまねぎ

にんじん

だいこん

きゅうり

じゃがいも

した

① うえから 2ばんめは，

□ です。

② うえから 4ばんめは，

□ です。

③ うえから 5ばんめは，

□ です。

④ したから 2ばんめは，

□ です。

⑤ したから 4ばんめは，

□ です。

⑥ したから 5ばんめは，

□ です。

② なんばんめ（5）

● えを みて，□に あう すうじを かきましょう。

ひだり ━ みぎ

① 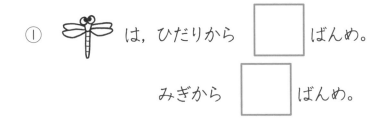 は，ひだりから □ ばんめ。

みぎから □ ばんめ。

② 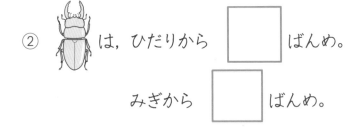 は，ひだりから □ ばんめ。

みぎから □ ばんめ。

③ 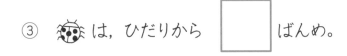 は，ひだりから □ ばんめ。

④  は，みぎから □ ばんめ。

---

② なんばんめ（6）

● えを みて こたえましょう。

ひだり ━ みぎ

ばなな　みかん　もも　いちご　すいか　りんご　くり

① □に あう すうじを かきましょう。

ももは，ひだりから □ ばんめで

みぎから □ ばんめです。

② □に あう くだものの なまえを かきましょう。

ひだりから ５ばんめに あるのは，

□ です。

みぎから ６ばんめに あるのは，

 です。

2 なんばんめ（7）

● えを みて，□に あう すうじを かきましょう。

① 🐤 は，まえから □ ばんめで，

ひだりから □ ばんめです。

② 🐿 は，まえから □ ばんめで，

みぎから □ ばんめです。

③ 🐒 は，うしろから □ ばんめで，

みぎから □ ばんめです。

2 なんばんめ（8）

● えを みて，□に あう ものの なまえを
かきましょう。

うえ					
どんぐり	けいと	くりっぷ	かっぷ	えんぴつ	おにぎり
かさ	はさみ	ぺん	あめ	ふうせん	おはじき
くつした	けえき	こっぷ	ぷりん	ぼうし	のうと
のりまき	けしごむ	めがね	くり	のり	ぱん
ぬいぐるみ	かみふうせん	えほん	くれよん	がむ	かびん

ひだり　　　みぎ
した

① うえから 2ばんめで，ひだりから 2ばんめに

あるのは，□ です。

② したから 3ばんめで，みぎから 2ばんめに

あるのは，□ です。

③ うえから 3ばんめで，みぎから 5ばんめに

あるのは，□ です。

2 ふりかえり・たしかめ (1)
なんばんめ

● えを みて こたえましょう。

まえ　ねずみ　らいおん　ねこ　こあら　ぞう　りす　らくだ　うさぎ　うしろ

① □に あう すうじを かきましょう。

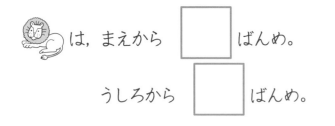　は, まえから □ばんめ。

うしろから □ばんめ。

　は, まえから □ばんめ。

うしろから □ばんめ。

② □に あう どうぶつの なまえを かきましょう。

まえから 4ばんめは, □ です。

うしろから 3ばんめは, □ です。

---

2 ふりかえり・たしかめ (2)
なんばんめ

● えを みて こたえましょう。

① □に あう すうじを かきましょう。

うえ

りんご　みかん　いちご　もも　すいか　びわ　ばなな

した

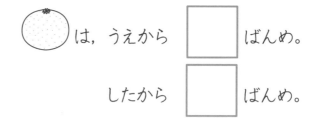　は, うえから □ばんめ。

したから □ばんめ。

　は, うえから □ばんめ。

したから □ばんめ。

② □に あう くだものの なまえを かきましょう。

うえから 4ばんめは,

□ です。

2 まとめのテスト
なんばんめ

[知識・技能]

1

① 〇で かこみましょう。(10×2)

まえから 4にん

こたえ

② まえから 4にんめ

こたえ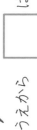

2

えを みて こたえましょう。

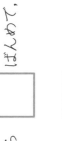

きつね　とら　ぶた　ねずみ　ぱんだ　らくだ

① □ に あう すうじを かきましょう。(5×4)

　は、まえから □ ばんめで、

うしろから □ ばんめです。

こたえ

　は、まえから □ ばんめで、

うしろから □ ばんめです。

② □ に あう どうぶつの なまえを

かきましょう。(10)

まえから 4ばんめは、

[　　　　] です。

[思考・判断・表現]

3

① □ に あう すうじを かきましょう。(5×2)

えを みて こたえましょう。

うえ　くわがた　ばった　とんぼ　せみ　あり　ちょう　てんとうむし　した

は、

うえから □ ばんめで、

したから □ ばんめです。

② □ に あう むしの

なまえを かきましょう。(10×2)

○うえから 4ばんめは

[　　　　] です。

○したから 3ばんめは

[　　　　] です。

4

えを みて、□ に すうじを かきましょう。(10×2)

うえ　みぎ　ひだり　した

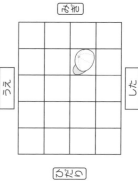

は、うえから □ ばんめ、

みぎから □ ばんめに あります。

3 あわせて いくつ ふえると いくつ (1)
あわせる ①

● えを みて, しきに かきましょう。

①

しき 　□ ＋ □ ＝ □

れんしゅうしよう。

②

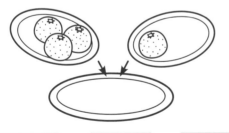

しき 　□ ＋ □ ＝ □

---

3 あわせて いくつ ふえると いくつ (2)
あわせる ②

● えを みて, しきに かきましょう。

①

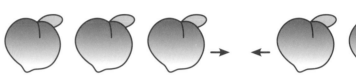

しき 　□

②

しき 　□

③

しき 　□

① みんなで なんにんに なりますか。

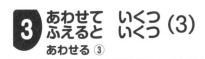

しき ☐ ＋ ☐ ＝ ☐

こたえ ☐ にん

② ぜんぶで なんこに なりますか。

しき ☐ ＋ ☐ ＝ ☐

こたえ ☐ こ

① 3こと 5こ いれます。
あわせて なんこに なりますか。

しき ☐

こたえ ☐ こ

② 5わと 2わ とんできます。
ぜんぶで なんわに なりますか。

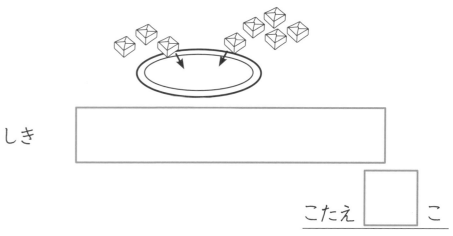

しき ☐

こたえ ☐ わ

3 あわせて　いくつ ふえると　いくつ (5)

ふえる ①

● えを　みて，しきを　かきましょう。

①

しき　□　+　□　=　□

②

しき　□　+　□　=　□

---

3 あわせて　いくつ ふえると　いくつ (6)

ふえる ②

□ 6ぴき　くると，みんなで　なんびきに なりますか。

しき

こたえ □ ひき

② 2こ　かって　きました。ぜんぶで　なんこに なりますか。

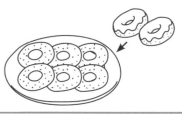

しき

こたえ □ こ

3 あわせて　いくつ
ふえると　いくつ (7)
ふえる ③

① 4＋3の　しきに　なる　えは　どれですか。
〇を　つけましょう。

あ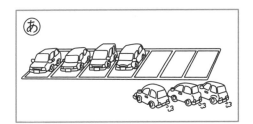

い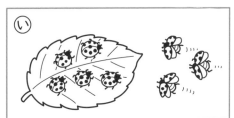

う

② 3＋5の　しきに　なる　えは　どれですか。
〇を　つけましょう。

か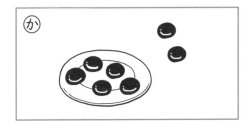

き

く

---

3 あわせて　いくつ
ふえると　いくつ (8)
ふえる ④

① 4ひき　いれると，あわせて　なんびきに
なりますか。

しき _____

こたえ ☐ ひき

② 6とう　ふえると　みんなで　なんとうに
なりますか。

しき _____

こたえ ☐ とう

● しきに かいて こたえましょう。

①

3びき
います。

4ひき
きました。

ぜんぶで
なんびきに
なりましたか。

しき

こたえ □ ひき

②

4ほん
あります。

2ほん
いれました。

ぜんぶで
なんぼんに
なりましたか。

しき

こたえ □ ぽん

① 2 + 2 =　② 1 + 2 =　③ 3 + 2 =

④ 3 + 1 =　⑤ 1 + 4 =　⑥ 1 + 1 =

⑦ 5 + 2 =　⑧ 3 + 3 =　⑨ 8 + 2 =

⑩ 2 + 4 =　⑪ 7 + 2 =　⑫ 3 + 6 =

⑬ 6 + 4 =　⑭ 4 + 4 =　⑮ 3 + 5 =

⑯ 4 + 3 =　⑰ 3 + 7 =　⑱ 5 + 5 =

3 あわせて　いくつ
ふえると　いくつ (11)
たしざん ②

なまえ

① 2 + 1 =　　② 2 + 3 =　　③ 1 + 3 =

④ 5 + 3 =　　⑤ 4 + 5 =　　⑥ 7 + 2 =

⑦ 6 + 2 =　　⑧ 1 + 9 =　　⑨ 3 + 4 =

⑩ 8 + 1 =　　⑪ 4 + 4 =　　⑫ 2 + 8 =

⑬ 5 + 2 =　　⑭ 6 + 3 =　　⑮ 3 + 3 =

⑯ 3 + 7 =　　⑰ 2 + 6 =　　⑱ 4 + 6 =

---

3 あわせて　いくつ
ふえると　いくつ (12)
たしざん ③

なまえ

1　きに　せみが　2ひき　います。
3びき　きました。
せみは，あわせて　なんびきに　なりましたか。

しき

こたえ _____

2　が　3とう，　　　　　が　5とう　います。
らいおんは，ぜんぶで　なんとう　いますか。

しき

こたえ _____

3　あかい　あさがおの　はなが　4こ，むらさきの
あさがおの　はなが　6こ　さきました。
あわせて　なんこ　さきましたか。

しき

こたえ _____

③ あわせて　いくつ (13)
たしざん④

なまえ

① どんぐりを　まさきさんは　3こ, おにいさんは　6こ　ひろいました。ぜんぶで　なんこ　どんぐりを　ひろいましたか。

しき

こたえ

② あかい　りんごが　4こ, あおい　りんごが　3こ　あります。りんごは, あわせて　なんこ　ありますか。

しき

こたえ

③ こどもが　7にん　あそんで　います。3にん　やってきました。こどもは, みんなで　なんにんに　なりましたか。

しき

こたえ

---

③ あわせて　いくつ (14)
たしざん⑤

なまえ

① こたえが　8に　なる　かあどに　◯を　つけましょう。

| 6 + 2 | 5 + 2 | 6 + 3 | 3 + 5 |
| 5 + 4 | 4 + 4 | 7 + 2 | 4 + 3 |

② こたえが　10に　なる　かあどに　◯を　つけましょう。

| 6 + 3 | 8 + 2 | 1 + 8 | 3 + 7 |
| 7 + 2 | 5 + 4 | 1 + 9 | 6 + 4 |

③ かあどの　しきと　こたえを　せんで　むすびましょう。

| 2 + 4 | 3 + 7 | 4 + 3 | 3 + 6 |

| 7 | 6 | 10 | 9 |

3 あわせて　いくつ
ふえると　いくつ (15)
0の　たしざん

① きんぎょは，あわせて　なんびきに　なりますか。

①
しき

こたえ _____

②
しき

こたえ _____

③
しき

こたえ _____

② たしざんを　しましょう。

①4 + 0 =　　②0 + 3 =

③0 + 8 =　　④0 + 0 =

---

3 あわせて　いくつ
ふえると　いくつ (16)
おはなしづくり ①

● えを　みて，たしざんの　おはなしを　つくりましょう。

①

②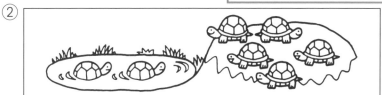

あわせて　いくつ
ふえると　いくつ (17)
おはなしづくり ②

● えを　みて,たしざんの　おはなしを　つくりましょう。

①

②

ふりかえり・たしかめ (1)
あわせて　いくつ　ふえると　いくつ

● えと　しきを　せんで　むすびましょう。

あ  ・　・ $2 + 3 = 5$

い  ・　・ $4 + 3 = 7$

う  ・　・ $4 + 4 = 8$

え 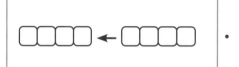 ・　・ $5 + 5 = 10$

3 ふりかえり・たしかめ (2)
あわせて　いくつ　ふえると　いくつ

なまえ

① $2 + 3 =$　　② $3 + 1 =$　　③ $5 + 3 =$

④ $4 + 1 =$　　⑤ $6 + 2 =$　　⑥ $3 + 4 =$

⑦ $7 + 2 =$　　⑧ $2 + 4 =$　　⑨ $8 + 1 =$

⑩ $4 + 4 =$　　⑪ $5 + 2 =$　　⑫ $1 + 2 =$

⑬ $2 + 5 =$　　⑭ $9 + 1 =$　　⑮ $7 + 3 =$

⑯ $3 + 3 =$　　⑰ $6 + 4 =$　　⑱ $1 + 4 =$

⑲ $1 + 6 =$　　⑳ $3 + 7 =$　　㉑ $3 + 6 =$

㉒ $1 + 9 =$　　㉓ $2 + 6 =$　　㉔ $8 + 2 =$

3 ふりかえり・たしかめ (3)
あわせて　いくつ　ふえると　いくつ

なまえ

① $5 + 1 =$　　② $6 + 3 =$　　③ $7 + 1 =$

④ $2 + 8 =$　　⑤ $4 + 5 =$　　⑥ $3 + 5 =$

⑦ $1 + 3 =$　　⑧ $8 + 2 =$　　⑨ $4 + 3 =$

⑩ $2 + 2 =$　　⑪ $5 + 4 =$　　⑫ $1 + 7 =$

⑬ $3 + 6 =$　　⑭ $4 + 2 =$　　⑮ $3 + 4 =$

⑯ $3 + 3 =$　　⑰ $2 + 7 =$　　⑱ $9 + 1 =$

⑲ $2 + 1 =$　　⑳ $3 + 2 =$　　㉑ $5 + 5 =$

㉒ $1 + 8 =$　　㉓ $6 + 1 =$　　㉔ $2 + 4 =$

㉕ $2 + 7 =$　　㉖ $1 + 9 =$　　㉗ $6 + 4 =$

㉘ $4 + 6 =$　　㉙ $1 + 5 =$　　㉚ $4 + 4 =$

3 ふりかえり・たしかめ (4)
あわせて　いくつ　ふえると　いくつ

なまえ

① 2 + 1 =　② 4 + 2 =　③ 3 + 5 =

④ 4 + 5 =　⑤ 3 + 1 =　⑥ 4 + 3 =

⑦ 5 + 3 =　⑧ 5 + 5 =　⑨ 6 + 1 =

⑩ 2 + 8 =　⑪ 6 + 4 =　⑫ 1 + 3 =

⑬ 7 + 2 =　⑭ 2 + 3 =　⑮ 8 + 1 =

⑯ 1 + 1 =　⑰ 4 + 4 =　⑱ 4 + 1 =

⑲ 7 + 0 =　⑳ 3 + 3 =　㉑ 2 + 5 =

㉒ 2 + 6 =　㉓ 1 + 9 =　㉔ 7 + 3 =

㉕ 8 + 2 =　㉖ 5 + 2 =　㉗ 4 + 6 =

㉘ 0 + 0 =　㉙ 2 + 4 =　㉚ 6 + 3 =

㉛ 1 + 5 =　㉜ 2 + 7 =　㉝ 5 + 4 =

㉞ 3 + 4 =　㉟ 7 + 1 =　㊱ 3 + 0 =

㊲ 9 + 0 =　㊳ 3 + 6 =　㊴ 1 + 6 =

㊵ 6 + 2 =　㊶ 8 + 0 =　㊷ 4 + 4 =

㊸ 3 + 2 =　㊹ 0 + 2 =　㊺ 3 + 7 =

3 ふりかえり・たしかめ (5)
あわせて　いくつ　ふえると　いくつ

なまえ

① 3 + 2 =　② 2 + 2 =　③ 3 + 7 =

④ 4 + 6 =　⑤ 5 + 1 =　⑥ 5 + 5 =

⑦ 2 + 8 =　⑧ 4 + 4 =　⑨ 1 + 7 =

⑩ 6 + 3 =　⑪ 4 + 2 =　⑫ 9 + 1 =

⑬ 1 + 0 =　⑭ 3 + 4 =　⑮ 3 + 5 =

⑯ 1 + 4 =　⑰ 7 + 2 =　⑱ 0 + 3 =

⑲ 8 + 2 =　⑳ 3 + 3 =　㉑ 4 + 5 =

㉒ 5 + 2 =　㉓ 6 + 1 =　㉔ 0 + 0 =

㉕ 2 + 5 =　㉖ 1 + 2 =　㉗ 2 + 7 =

㉘ 2 + 6 =　㉙ 3 + 1 =　㉚ 7 + 3 =

㉛ 4 + 3 =　㉜ 1 + 6 =　㉝ 2 + 4 =

㉞ 1 + 8 =　㉟ 1 + 9 =　㊱ 2 + 0 =

㊲ 5 + 4 =　㊳ 0 + 5 =　㊴ 7 + 1 =

㊵ 8 + 1 =　㊶ 6 + 4 =　㊷ 2 + 3 =

㊸ 4 + 0 =　㊹ 3 + 6 =　㊺ 5 + 3 =

3 ふりかえり・たしかめ (6)
あわせて　いくつ　ふえると　いくつ

なまえ

① みかんを　ひるに　3こ，よるに　3こ
たべました。あわせて　なんこ　たべましたか。

しき

こたえ _____

② くろの　えんぴつを　6ぽん，あかの　えんぴつを
2ほん　もって　います。もって　いる　えんぴつは，
ぜんぶで　なんぼんですか。

しき

こたえ _____

③ おうだんほどうを　あるいて　いる　ひとは，
こどもが　4にん，おとなが　6にんです。
みんなで　なんにん　いますか。

しき

こたえ _____

3 ふりかえり・たしかめ (7)
あわせて　いくつ　ふえると　いくつ

なまえ

● □に　かずを　かいて，たしざんの　しきを
つくりましょう。

① □ + □ =5

② □ + □ =6

③ □ + □ =7

④ □ + □ =8

⑤ □ + □ =9

⑥ □ + □ =9

⑦ □ + □ =10

⑧ □ + □ =10

いろいろな　しきが
つくれるね。

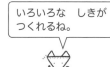

3 まとめのテスト

あわせて いくつ ふえると いくつ

[知識・技能]

1 たしざんを しましょう。 (5×10)

① 3 + 1 =

② 5 + 2 =

③ 2 + 6 =

④ 2 + 3 =

⑤ 3 + 4 =

⑥ 5 + 5 =

⑦ 4 + 4 =

⑧ 8 + 2 =

⑨ 1 + 9 =

⑩ 6 + 3 =

[思考・判断・表現]

2 しろい はなが 2こ、あかい はなが 2こ さいて います。あわせて なんこ さいて いますか。 (5×2)

しき

こたえ

---

3 とりが でんせんに 3わ とまって います。7わ とんで きました。ぜんぶで なんわに なりましたか。 (5×2)

しき

こたえ

4 おかしが おさらに 3こ、ふくろに 3こ あります。あわせて なんこに なりますか。 (5×2)

しき

こたえ

5 たまいれで、1かいめは 2こ、2かいめは 6こ はいりました。あわせて なんこ はいりましたか。 (5×2)

しき

こたえ

6 すなばで 6にん あそんで います。そこへ 4にん きました。みんなで なんにんに なりましたか。 (5×2)

しき

こたえ

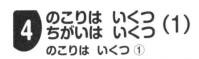
● えを みて, しきに かきましょう。

①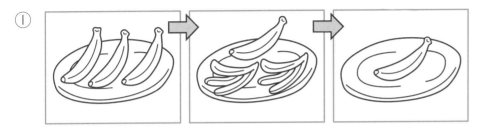

しき

れんしゅうしよう。

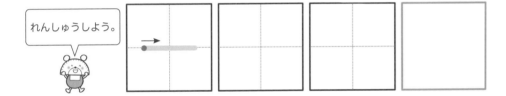

②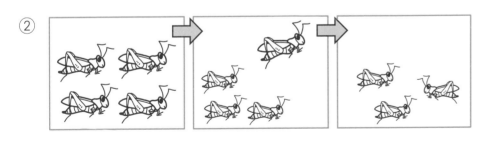

しき

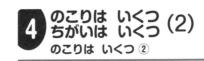
● えを みて, しきに かきましょう。

①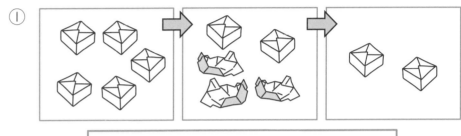

しき

②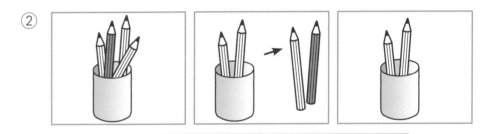

しき

③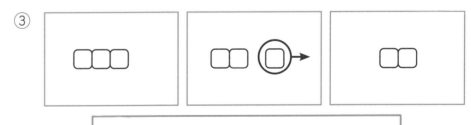

しき

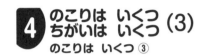

① 3びき とんで いくと, のこりは なんびきに
なりますか。しきに かいて こたえましょう。

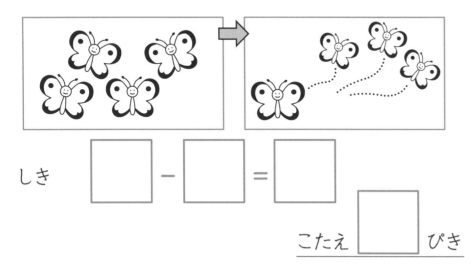

しき □ － □ ＝ □

こたえ □ ぴき

② 2こ たべると, のこりは なんこに なりますか。

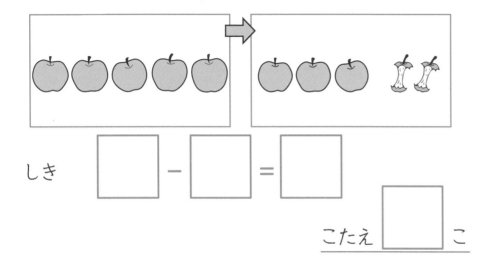

しき □ － □ ＝ □

こたえ □ こ

● しきに かいて こたえましょう。

①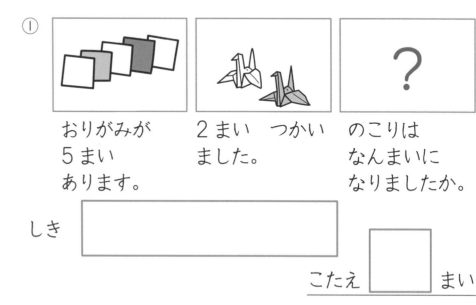

おりがみが　2まい つかい　のこりは
5まい　ました。　なんまいに
あります。　　　　なりましたか。

しき □

こたえ □ まい

②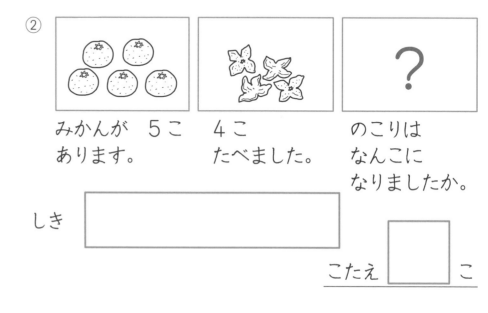

みかんが 5こ　4こ　のこりは
あります。　たべました。　なんこに
　　　　　　　　　　なりましたか。

しき □

こたえ □ こ

4 のこりは　いくつ
ちがいは　いくつ　(5)
ひきざん ①

① $4 - 3 =$　② $6 - 1 =$　③ $3 - 2 =$

④ $2 - 1 =$　⑤ $5 - 2 =$　⑥ $4 - 1 =$

⑦ $6 - 5 =$　⑧ $7 - 2 =$　⑨ $8 - 1 =$

⑩ $7 - 4 =$　⑪ $6 - 3 =$　⑫ $8 - 5 =$

⑬ $9 - 1 =$　⑭ $7 - 6 =$　⑮ $9 - 5 =$

⑯ $8 - 4 =$　⑰ $9 - 3 =$　⑱ $9 - 8 =$

⑲ $10 - 1 =$　⑳ $10 - 3 =$　㉑ $10 - 4 =$

4 のこりは　いくつ
ちがいは　いくつ　(6)
ひきざん ②

① $5 - 3 =$　② $8 - 2 =$　③ $3 - 1 =$

④ $4 - 2 =$　⑤ $7 - 1 =$　⑥ $5 - 4 =$

⑦ $6 - 4 =$　⑧ $5 - 1 =$　⑨ $7 - 5 =$

⑩ $7 - 3 =$　⑪ $6 - 2 =$　⑫ $8 - 6 =$

⑬ $8 - 3 =$　⑭ $9 - 2 =$　⑮ $8 - 7 =$

⑯ $9 - 7 =$　⑰ $9 - 4 =$　⑱ $9 - 6 =$

⑲ $10 - 2 =$　⑳ $10 - 5 =$　㉑ $10 - 7 =$

㉒ $10 - 6 =$　㉓ $10 - 8 =$　㉔ $10 - 9 =$

① ちょうが 8ひき います。

は 5ひきです。

は なんびき いますか。

しき

こたえ □ びき

② ねこが 9ひき います。

は 3びきです。

は なんびき いますか。

しき

こたえ □ ぴき

① にわとりが 7わ います。

は 4わです。

は なんわ いますか。

しき

こたえ □ わ

② ぼうしが 10こ あります。

そのうち は 4こです。

は なんこ ありますか。

しき

こたえ □ こ

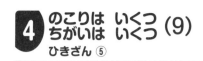
● つぎの こたえに なる かあどを したから
えらんで, □ に しきを かきましょう。

① こたえが 3に なる

② こたえが 2に なる

③ こたえが 1に なる

9－6	10－8	7－4	7－6	9－5
8－6	4－3	8－4	9－7	10－7
10－9	6－3	8－7	10－6	6－4

1 ぴんが 3ぼん あります。ぼうるで ぴんを
たおします。たおれて いない ぴんは, なんぼん
ですか。

① 2ほん たおすと,

　しき

こたえ □ ぽん

② 3ぼん たおすと,

　しき

こたえ □ ほん

③ 1ぽんも たおせないと,

　しき

こたえ □ ぼん

2 ひきざんを しましょう。

① 4－4 ＝

② 7－0 ＝

③ 10－0 ＝

④ 0－0 ＝

47

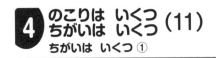
①  が 9まい， が 5まい あります。
は， より なんまい おおいでしょうか。

おおい

しき

こたえ □ まい

② が 7こ， が 4こ あります。
は， より なんこ おおいでしょうか。

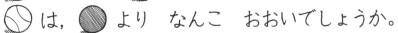

おおい

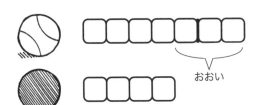

しき

こたえ □ こ

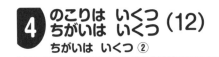
① おりがみを おって つくりました。

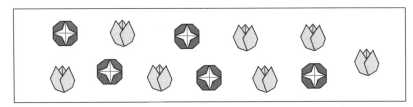

が なんこ おおいでしょうか。

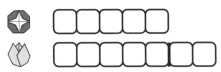

しき

こたえ _____

② にわとりと ひよこが います。

にわとり ▭▭▭▭▭▭

ひよこ ▭▭▭▭▭▭▭▭

ひよこが なんわ おおいでしょうか。

しき

こたえ _____

1 おすの らいおん  と めすの らいおん が います。どちらが なんとう おおいでしょうか。

しき

こたえ ☐ が ☐ とう おおい。

2 みかんと りんごが あります。
   どちらが なんこ おおいでしょうか。

しき

こたえ ☐ が ☐ こ おおい。

1 とらっくが 3だい, ばすが 7だい とまって います。どちらが なんだい おおいでしょうか。

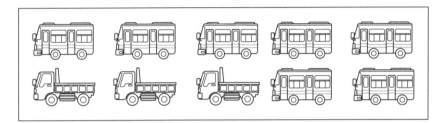

しき

こたえ ☐ が ☐ だい おおい。

2 りすが 1こずつ どんぐりを たべます。
   どんぐりは なんこ のこりますか。

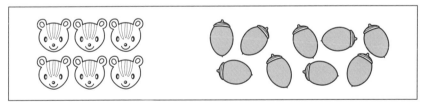

しき

こたえ _____

4 のこりは　いくつ　ちがいは　いくつ（15）
ちがいは　いくつ ⑤

4 のこりは　いくつ　ちがいは　いくつ（16）
ちがいは　いくつ ⑥

1　けえきを　1こずつ　おさらに　のせます。
けえきが　7こ，おさらが　10まい　あります。
どちらが　どれだけ　おおいでしょうか。

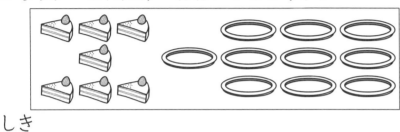

しき

こたえ

2　こども　ひとりが　1だいの　いちりんしゃに
のります。こどもが　4にん　います。
いちりんしゃは　6だい　あります。
どちらが　どれだけ　おおいでしょうか。

しき

こたえ

1　ぼうしが　5こ，むぎわらぼうしが　9こ
あります。かずの　ちがいは　なんこですか。

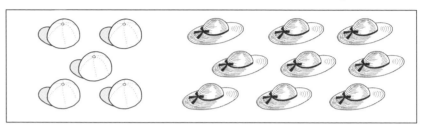

しき

こたえ

2　10りょうの　でんしゃと，8りょうの　でんしゃが
あります。かずの　ちがいは　なんりょうですか。

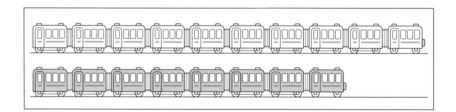

しき

こたえ

● えを みて,ひきざんの おはなしを つくりましょう。

①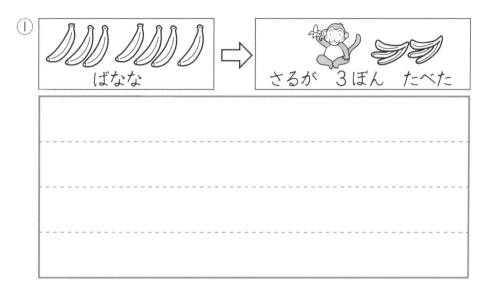
ばなな　→　さるが　3ぼん　たべた

②

しまうま　7とう　　こどもが　5とう

● えを みて,ひきざんの おはなしを つくりましょう。

①

とら　5とう　　らいおん　2とう

②
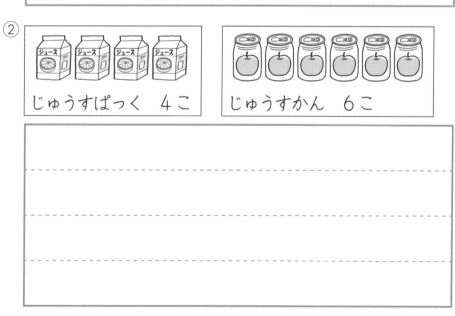
じゅうすぱっく　4こ　　じゅうすかん　6こ

4 ふりかえり・たしかめ (1)
のこりは　いくつ　ちがいは　いくつ

なまえ

① えと　しきを　せんで　むすびましょう。

・　・　$5 - 3 = 2$

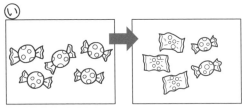

・　・　$5 - 1 = 4$

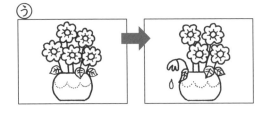

・　・　$5 - 2 = 3$

② あさがおの　はなが　さきました。あかい　はなが
6こ，あおい　はなが　9こ　さきました。
どちらが　なんこ　おおい　でしょうか。

しき

こたえ _____

4 ふりかえり・たしかめ (2)
のこりは　いくつ　ちがいは　いくつ

なまえ

① $2 - 1 =$　　② $5 - 4 =$　　③ $4 - 0 =$

④ $3 - 2 =$　　⑤ $4 - 2 =$　　⑥ $5 - 5 =$

⑦ $6 - 5 =$　　⑧ $5 - 3 =$　　⑨ $6 - 4 =$

⑩ $8 - 5 =$　　⑪ $7 - 5 =$　　⑫ $6 - 3 =$

⑬ $7 - 4 =$　　⑭ $9 - 6 =$　　⑮ $8 - 6 =$

⑯ $10 - 3 =$　　⑰ $8 - 4 =$　　⑱ $7 - 3 =$

⑲ $9 - 5 =$　　⑳ $10 - 4 =$　　㉑ $9 - 7 =$

㉒ $10 - 8 =$　　㉓ $10 - 7 =$　　㉔ $10 - 5 =$

4 ふりかえり・たしかめ (3)
のこりは　いくつ　ちがいは　いくつ

① $9 - 2 =$　② $7 - 3 =$　③ $8 - 3 =$

④ $6 - 5 =$　⑤ $10 - 6 =$　⑥ $8 - 6 =$

⑦ $9 - 8 =$　⑧ $9 - 4 =$　⑨ $10 - 9 =$

⑩ $8 - 2 =$　⑪ $6 - 4 =$　⑫ $7 - 6 =$

⑬ $8 - 4 =$　⑭ $10 - 8 =$　⑮ $9 - 3 =$

⑯ $7 - 4 =$　⑰ $6 - 3 =$　⑱ $7 - 2 =$

⑲ $9 - 7 =$　⑳ $10 - 4 =$　㉑ $8 - 7 =$

㉒ $10 - 2 =$　㉓ $7 - 5 =$　㉔ $10 - 3 =$

㉕ $9 - 5 =$　㉖ $10 - 5 =$　㉗ $6 - 2 =$

㉘ $8 - 5 =$　㉙ $10 - 7 =$　㉚ $9 - 6 =$

4 ふりかえり・たしかめ (4)
のこりは　いくつ　ちがいは　いくつ

① $4 - 2 =$　② $5 - 0 =$　③ $3 - 1 =$

④ $6 - 2 =$　⑤ $7 - 1 =$　⑥ $4 - 3 =$

⑦ $8 - 2 =$　⑧ $4 - 4 =$　⑨ $9 - 1 =$

⑩ $7 - 3 =$　⑪ $9 - 2 =$　⑫ $6 - 3 =$

⑬ $10 - 9 =$　⑭ $8 - 5 =$　⑮ $5 - 2 =$

⑯ $10 - 2 =$　⑰ $7 - 4 =$　⑱ $8 - 3 =$

⑲ $8 - 4 =$　⑳ $3 - 3 =$　㉑ $6 - 1 =$

㉒ $8 - 1 =$　㉓ $10 - 6 =$　㉔ $9 - 3 =$

㉕ $3 - 2 =$　㉖ $5 - 4 =$　㉗ $9 - 8 =$

㉘ $9 - 5 =$　㉙ $10 - 1 =$　㉚ $7 - 6 =$

㉛ $7 - 5 =$　㉜ $9 - 0 =$　㉝ $8 - 7 =$

㉞ $5 - 3 =$　㉟ $9 - 4 =$　㊱ $7 - 2 =$

㊲ $9 - 7 =$　㊳ $6 - 5 =$　㊴ $10 - 4 =$

㊵ $8 - 6 =$　㊶ $10 - 5 =$　㊷ $9 - 6 =$

㊸ $10 - 3 =$　㊹ $10 - 8 =$　㊺ $10 - 7 =$

4 ふりかえり・たしかめ (5)
のこりは　いくつ　ちがいは　いくつ

なまえ

① 7 − 5 =　　② 8 − 3 =　　③ 7 − 2 =

④ 10 − 2 =　　⑤ 4 − 2 =　　⑥ 9 − 7 =

⑦ 5 − 3 =　　⑧ 9 − 4 =　　⑨ 7 − 1 =

⑩ 9 − 9 =　　⑪ 3 − 1 =　　⑫ 8 − 7 =

⑬ 6 − 1 =　　⑭ 8 − 0 =　　⑮ 5 − 4 =

⑯ 9 − 5 =　　⑰ 6 − 2 =　　⑱ 10 − 5 =

⑲ 7 − 6 =　　⑳ 9 − 8 =　　㉑ 8 − 4 =

㉒ 8 − 5 =　　㉓ 5 − 5 =　　㉔ 6 − 5 =

㉕ 10 − 4 =　　㉖ 6 − 4 =　　㉗ 9 − 6 =

㉘ 0 − 0 =　　㉙ 10 − 6 =　　㉚ 5 − 2 =

㉛ 6 − 3 =　　㉜ 8 − 6 =　　㉝ 4 − 3 =

㉞ 7 − 0 =　　㉟ 9 − 3 =　　㊱ 10 − 1 =

㊲ 3 − 2 =　　㊳ 10 − 8 =　　㊴ 7 − 4 =

㊵ 10 − 3 =　　㊶ 7 − 3 =　　㊷ 9 − 2 =

㊸ 8 − 2 =　　㊹ 10 − 7 =　　㊺ 10 − 9 =

---

4 ふりかえり・たしかめ (6)
のこりは　いくつ　ちがいは　いくつ

なまえ

● □に　かずを　かいて，ひきざんの　しきを
　つくりましょう。

① □ − □ =2

② □ − □ =2

③ □ − □ =3

④ □ − □ =3

⑤ □ − □ =4

⑥ □ − □ =4

⑦ □ − □ =5

⑧ □ − □ =5

いろいろな　しきが
つくれるよ。

4 まとめのテスト
のこりは いくつ ちがいは いくつ

[知識・技能]

1 ひきざんを しましょう。(5×10)

① $5 - 2 =$

② $7 - 5 =$

③ $6 - 4 =$

④ $8 - 2 =$

⑤ $7 - 4 =$

⑥ $6 - 3 =$

⑦ $9 - 0 =$

⑧ $10 - 8 =$

⑨ $8 - 6 =$

⑩ $10 - 4 =$

[思考・判断・表現]

2 くりが 9こ ありました。4こ たべました。くりは なんこ のこって いますか。(5×2)

しき

こたえ

3 ふうせんが 7こ ありました。3こ われました。ふうせんは なんこ のこって いますか。(5×2)

しき

こたえ

4 としょしつに せんせいと こどもが あわせて 10にん います。せんせいは 3にん です。こどもは なんにんですか。(5×2)

しき

こたえ

5 きいろの おりがみが 9まい、あおいろの おりがみが 6まい あります。かずの ちがいは なんまいですか。(5×2)

しき

こたえ

6 くわがたが 5ひき、かぶとむしが 7ひき います。どちらが なんびき おおいでしょうか。(5×2)

しき

こたえ

5 どちらが ながい (1)

① どちらが ながいでしょうか。
　ながい ほうの （　）に ○を つけましょう。

① （　　）
　（　　）

② （　　）
　（　　）

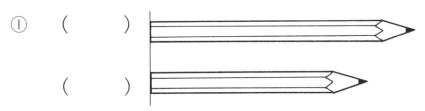

② どちらが たかいでしょうか。
　たかい ほうの （　）に ○を つけましょう。

① 　　　　　　　　　②

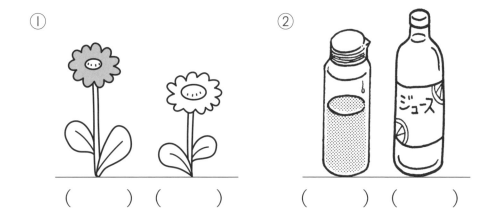

（　　）（　　）　　（　　）（　　）

5 どちらが ながい (2)

● たてと よこでは, どちらが ながいでしょうか。
　おって くらべて います。
　ながい ほうの （　）に ○を つけましょう。

①

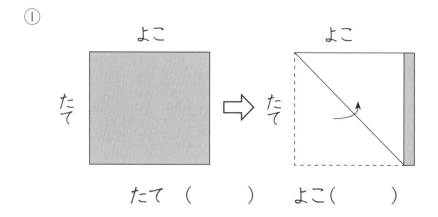

たて（　　）　よこ（　　）

②

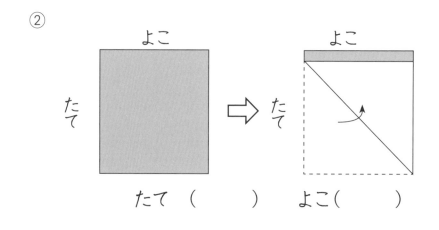

たて（　　）　よこ（　　）

5 どちらが ながい (3)

● おなじ てえぷを つかって しらべました。
どちらが ながいでしょうか。
ながい ほうの （　　）に ○を つけましょう。

①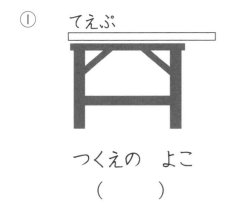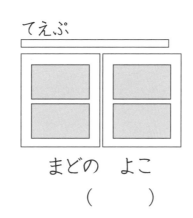

つくえの よこ　　　　　まどの よこ

（　　　）　　　　　　　（　　　）

②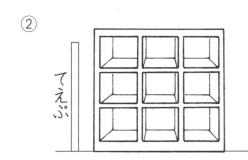

ろっかあの たかさ

（　　　）

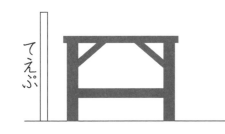

つくえの たかさ

（　　　）

---

5 どちらが ながい (4)

● てえぷに ながさを うつしとって くらべました。
ながい じゅんに（　　）に ばんごうを かきましょう。

①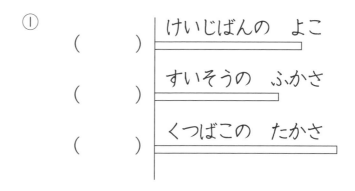

（　　　）けいじばんの よこ

（　　　）すいそうの ふかさ

（　　　）くつばこの たかさ

②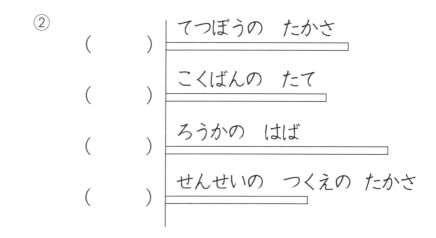

（　　　）てつぼうの たかさ

（　　　）こくばんの たて

（　　　）ろうかの はば

（　　　）せんせいの つくえの たかさ

5 どちらが ながい (5)

● を つかって, ながさを くらべます。
　（　　）に あてはまる かずや きごうを かきましょう。

① あ

　い

あの ながさは, 　の （　　）こぶんです。

いの ながさは, 　の （　　）こぶんです。

あと いでは, （　　）の ほうが ながいです。

② か

　き

かの ながさは, 　の （　　）こぶんです。

きの ながさは, 　の （　　）こぶんです。

かと きでは, （　　）の ほうが ながいです。

---

5 どちらが ながい (6)

● えんぴつを つかって, ながさを くらべます。
　（　　）に あてはまる かずや きごうを かきましょう。

① あ

　い

あの ながさは, えんぴつの （　　）こぶんです。

いの ながさは, えんぴつの （　　）こぶんです。

あと いでは, （　　）の ほうが ながいです。

② か

　き

かの ながさは,
　　えんぴつの （　　）こぶんです。

きの ながさは,
　　えんぴつの （　　）こぶんです。

かと きでは, （　　）の ほうが
　　　　　　　　　　　　　ながいです。

5 どちらが ながい (7)

● どちらが ながいでしょうか。
　ながい ほうの （　　）に ○を つけましょう。

① （　　）

　　（　　）

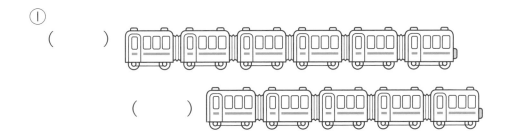

② （　　）

　　（　　）

③ （　　）

　　（　　）

---

5 どちらが ながい (8)

● どちらが なんこぶん ながいでしょうか。
　（　　）に あてはまる かずや きごうを かきましょう。

① あ

　い

あの ながさは，ぶろっくの （　　）こぶんです。

いの ながさは，ぶろっくの （　　）こぶんです。

あと いでは，（　　）の ほうが ながいです。

② か　　き

かの ながさは，
　　　　ぶろっくの （　　）こぶんです。

きの ながさは，
　　　　ぶろっくの （　　）こぶんです。

かと きでは，（　　）の ほうが
　　　ぶろっくの （　　）こぶん ながいです。

5 どちらが ながい (9)

● えんぴつの ながさを くらべましょう。

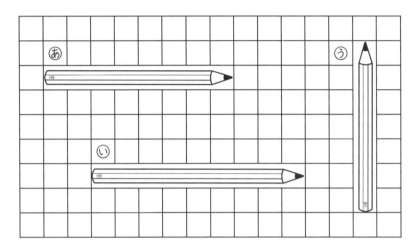

① □に あてはまる かずを かきましょう。

あの えんぴつの ながさは、
　　ますの □ つぶん です。

いの えんぴつの ながさは、
　　ますの □ つぶん です。

うの えんぴつの ながさは、
　　ますの □ つぶん です。

② ながい じゅんばんに あ、い、うを かきましょう。

5 どちらが ながい (10)

● どちらが ますの いくつぶん ながい でしょうか。

①

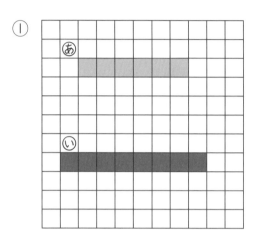

あといでは、

□ の ほうが

ますの □ つぶん

ながいです。

②

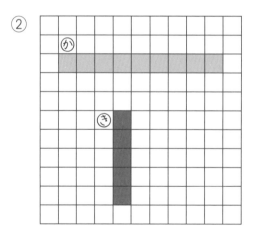

かときでは、

□ の ほうが

ますの □ つぶん

ながいです。

5 ふりかえり・たしかめ (1)
どちらが　ながい

● どちらが　ながいでしょうか。
　ながい　ほうの　（　　）に　○を　つけましょう。

①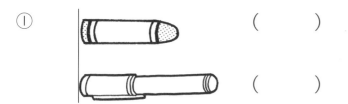
　（　　　）
　（　　　）

②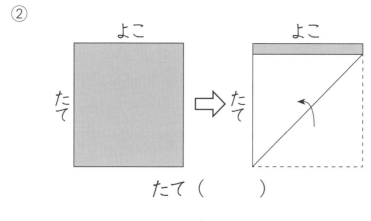

　　たて（　　　）
　　よこ（　　　）

③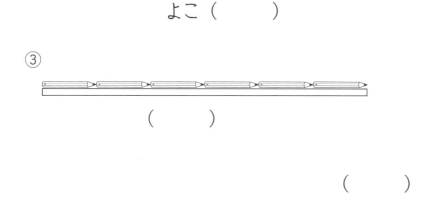
　　　（　　　）

　　　（　　　）

---

5 ふりかえり・たしかめ (2)
どちらが　ながい

1　くりっぷを　つかって　ながさを　くらべます。
　（　　）に　あてはまる　かずや　きごうを　かきましょう。

　あ
　　　い

　あの　ながさは，くりっぷの　（　　）こぶんです。

　いの　ながさは，くりっぷの　（　　）こぶんです。

　（　　）の　ほうが　くりっぷの　（　　）こぶん　ながい
　です。

2　かと，きの　ながさを　くらべます。
　（　　）に　あてはまる　かずや　きごうを　かきましょう。

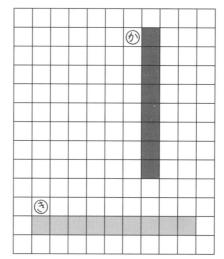

　かの　ながさは，
　ますの　（　　）こぶんです。

　きの　ながさは，
　ますの　（　　）こぶんです。

　（　　）の　ほうが
　ますの　（　　）こぶん
　ながいです。

なまえ

5 まとめのテスト
どちらが ながい

【知識・技能】

1 ながい ほうの （　）に ○を つけましょう。(10×5)

①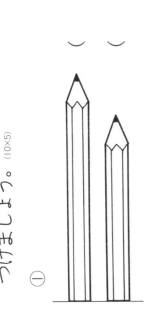
（　）　（　）

②

たて（　）　よこ（　）

たて（　）　よこ（　）

③ おなじ てえぷを つかって くらべる。

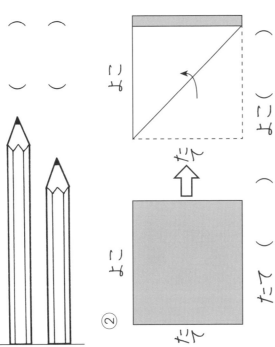

（　）　（　）

④

（　）　（　）

⑤

あ

い

【思考・判断・表現】

2 ぶろっくを つかって ながさを くらべます。（　）に あてはまる かずや きごうを かきましょう。(5×10)

あ

い

う

① あの ながさは、ぶろっくの （　）こぶんです。

② いの ながさは、ぶろっくの （　）こぶんです。

③ うの ながさは、ぶろっくの （　）こぶんです。

④ あと いでは、（　）の ほうが ぶろっくの （　）こぶん ながいです。

⑤ あと うでは、（　）の ほうが ぶろっくの （　）こぶん ながいです。

⑥ いと うでは、（　）の ほうが ぶろっくの （　）こぶん ながいです。

⑦ ながい じゅんばんに かくと、（　）⇨（　）⇨（　）に なります。

6 わかりやすく せいりしよう (1)

なまえ

● それぞれの　かずだけ　いろを　ぬりましょう。

せみ	とんぼ	ちょう	てんとうむし

6 わかりやすく せいりしよう (2)

なまえ

● それぞれの　かずだけ　いろを　ぬりましょう。

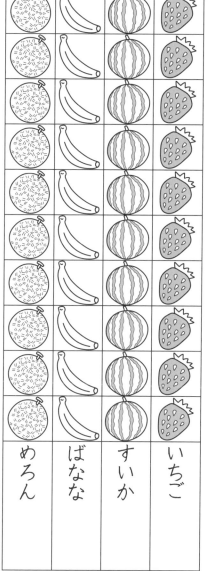

めろん	ばなな	すいか	いちご

6 わかりやすく せいりしよう (3)

● いろを ぬった ものを みて こたえましょう。

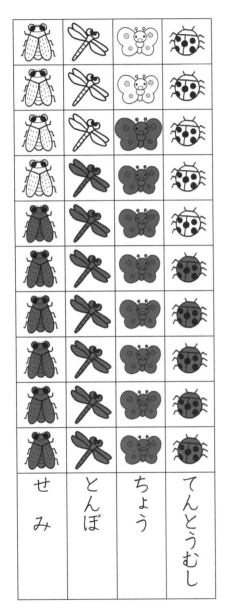

① いちばん おおい
ものは どれですか。

② いちばん すくない
ものは どれですか。

③ とんぼの かずは
いくつ ですか。

④ せみの かずは いくつ
ですか。

---

6 わかりやすく せいりしよう (4)

● いろを ぬった ものを みて こたえましょう。

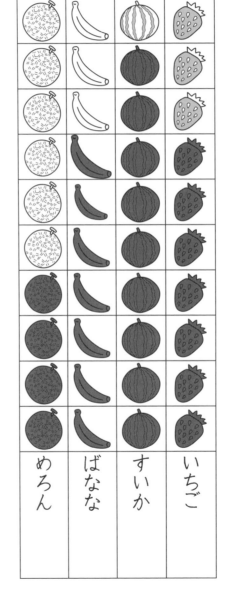

① いちばん おおい
ものは どれですか。

② いちばん すくない
ものは どれですか。

③ ばななの かずは
いくつ ですか。

④ おなじ かずは ものは,
どれと どれですか。

6 わかりやすく せいりしよう (5)

なまえ

● どうぶつの かずを しらべましょう。

① それぞれの かずだけ いろを ぬりましょう。

② いちばん おおい ものは
どれで, かずは いくつですか。

③ おなじ かずは ものは,
どれと どれですか。

④ いちばん すくない ものは
どれで, かずは いくつですか。

6 わかりやすく せいりしよう (6)

なまえ

● やさいの かずを しらべましょう。

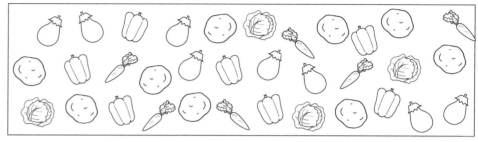

① それぞれの かずだけ いろを ぬりましょう。

なす	きゃべつ	ぴいまん	にんじん	じゃがいも

② いちばん おおい ものは
どれで, かずは いくつですか。

③ いちばん すくない ものは
どれで, かずは いくつですか。

④ なすと にんじんの
かずの ちがいは
いくつですか。

⑤ ぴいまんと きゃべつの
かずの ちがいは
いくつですか。

6 まとめのテスト
わかりやすく せいりしよう

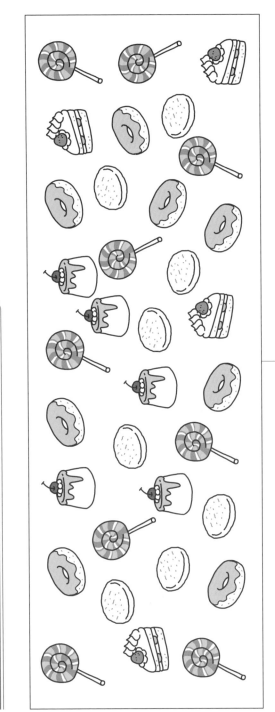

【知識・技能】

1 それぞれの かずだけ いろを ぬりましょう。(10×5)

あめ	けえき	どうなつ	くっきい	ぷりん

【思考・判断・表現】

2 いろを ぬった ものを みて こたえましょう。

① いちばん おおい ものは どれで、かずは いくつですか。(5×2)

② いちばん すくない ものは どれで、かずは いくつですか。(5×2)

③ おなじ かずの ものは、どれと どれですか。(5×2)

④ くっきいと ぷりんの かずの ちがいは いくつですか。(10)

⑤ あめと けえきの かずの ちがいは いくつですか。(10)

66

7 10より おおきい かず (1)

10より おおきい　かず ①

なまえ

● かずを　かぞえましょう。

10を　つくって　◯で　かこみましょう。

10と　いくつかを　かいて，こたえも　かきましょう。

①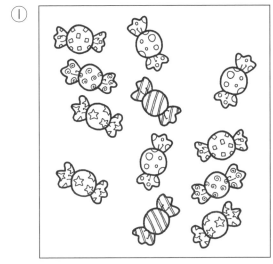

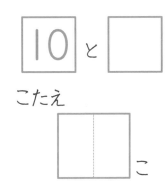

10 と ☐

こたえ

☐ こ

②

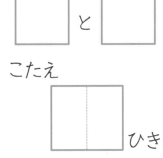

☐ と ☐

こたえ

☐ ひき

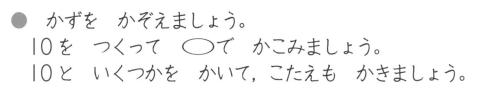

7 10より おおきい かず (2)

10より おおきい　かず ②

なまえ

● かずを　かぞえましょう。

10を　つくって　◯で　かこみましょう。

10と　いくつかを　かいて，こたえも　かきましょう。

①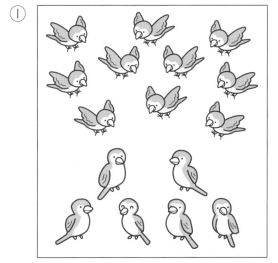

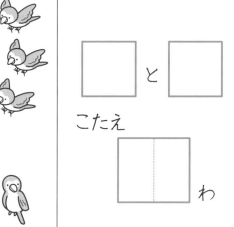

☐ と ☐

こたえ

☐ わ

②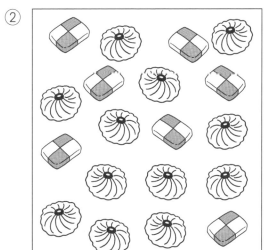

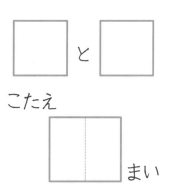

☐ と ☐

こたえ

☐ まい

● かずを かぞえましょう。
　かずだけ ぶろっくに いろを ぬりましょう。
　10と いくつかを かいて,こたえも かきましょう。

①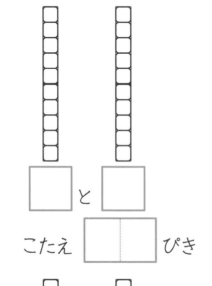

　□ と □
　こたえ □ ぴき

②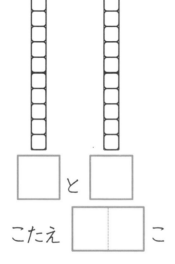

　□ と □
　こたえ □ こ

● かずを かぞえましょう。
　かずだけ ぶろっくに いろを ぬりましょう。
　10と いくつかを かいて,こたえも かきましょう。

①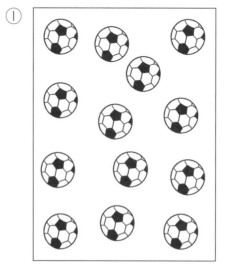

　□ と □
　こたえ □ こ

②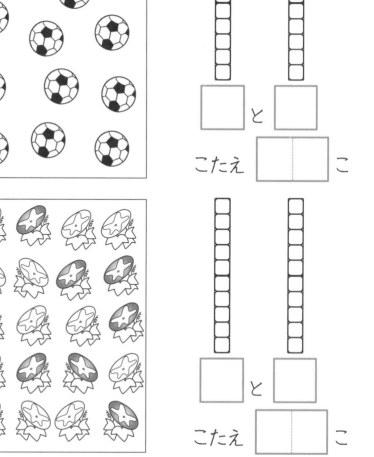

　□ と □
　こたえ □ こ

● ぶろっくの　かずを　▢▢に　かきましょう。

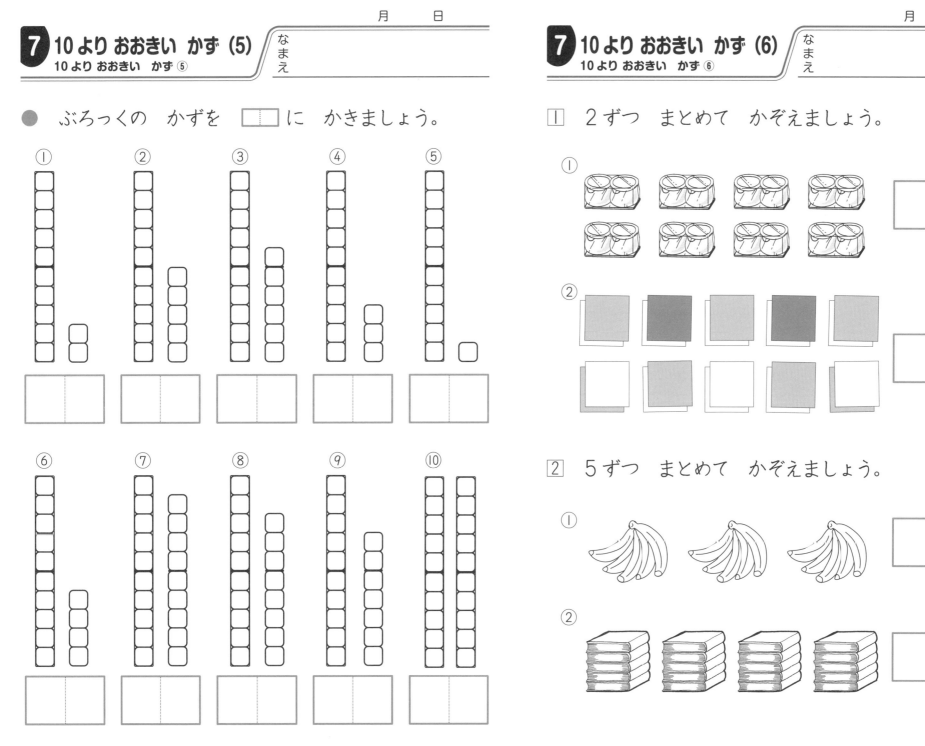

① 2ずつ　まとめて　かぞえましょう。

② 5ずつ　まとめて　かぞえましょう。

69

● したの えを みて こたえましょう。

① なんにん ならんで いますか。

　　　にん

② しゅんやさんは, まえから なんにんめですか。

　　　にんめ

③ れんさんは うしろから なんにんめですか。

　　　にんめ

④ まえから 15にんめには, だれが いますか。

● □に かずを かきましょう。

① 17は 10 と □

② 15は 10 と □

③ 16は □ と 6

④ 13は □ と 3

⑤ 19は □ と 10

⑥ 11は □ と 10

⑦ □ は 10 と 4

⑧ □ は 10 と 10

7 10より おおきい かず (9)
10より おおきい かず ⑨

● □に あてはまる かずを かきましょう。

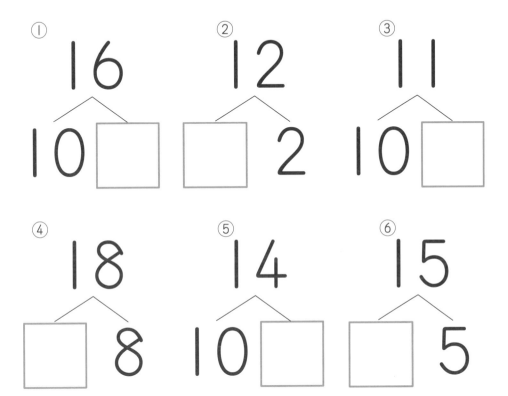

① 16
10 □

② 12
□ 2

③ 11
10 □

④ 18
□ 8

⑤ 14
10 □

⑥ 15
□ 5

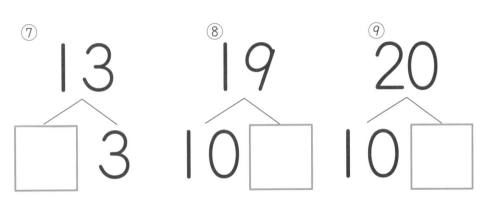

⑦ 13
□ 3

⑧ 19
10 □

⑨ 20
10 □

7 10より おおきい かず (10)
10より おおきい かず ⑩

● □に あてはまる かずを かきましょう。

①
10 □ □ 13 14 □ □ 17 □ 19 20

②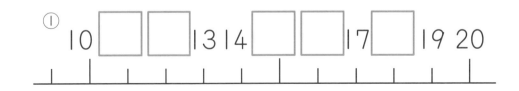
9 □ □ 12 13 □ 15 □ □ 18 19 □

③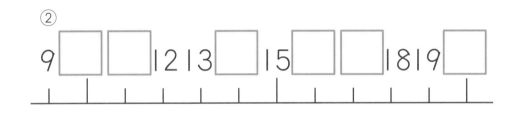
20 □ □ 17 16 □ 14 □ 12 □ 10

④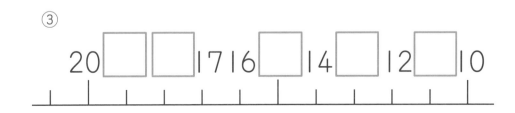
8　10　□　□　□　□　20

月　日

なまえ

● おおきい ほうの かずに ○を つけましょう。

かずの せんを みて かんがえよう。

9 10 11 12 13 14 15 16 17 18 19 20

① 9　10

② 17　18

③ 12　14

④ 15　13

⑤ 19　16

⑥ 14　15

⑦ 18　20

⑧ 12　17

⑨ 18　16

⑩ 20　19

月　日

なまえ

● かずの せんを みて, □に あてはまる かずを かきましょう。

9 10 11 12 13 14 15 16 17 18 19 20

① 12より 2 おおきい かずは □ です。

② 14より 3 おおきい かずは □ です。

③ 11より 5 おおきい かずは □ です。

④ 16より 4 おおきい かずは □ です。

⑤ 13より 3 ちいさい かずは □ です。

⑥ 15より 2 ちいさい かずは □ です。

⑦ 18より 4 ちいさい かずは □ です。

⑧ 20より 5 ちいさい かずは □ です。

7 10より おおきい かず(13)
10より おおきい　かず ⑬

● □に　あてはまる　かずを　かきましょう。

① 10と　3を　あわせた　かずは □ です。
しき

$$10 + \boxed{} = \boxed{}$$

② 10に　7を　たした　かずは □ です。
しき

$$10 + \boxed{} = \boxed{}$$

③ 16から　6を　とった　かずは □ です。
しき

$$16 - \boxed{} = \boxed{}$$

④ 19から　9を　ひいた　かずは □ です。
しき

$$19 - \boxed{} = \boxed{}$$

7 10より おおきい かず(14)
10より おおきい　かず ⑭

① $10 + 2 =$　　② $10 + 9 =$

③ $10 + 4 =$　　④ $10 + 6 =$

⑤ $10 + 8 =$　　⑥ $10 + 5 =$

⑦ $17 - 7 =$　　⑧ $13 - 3 =$

⑨ $11 - 1 =$　　⑩ $14 - 4 =$

⑪ $15 - 5 =$　　⑫ $12 - 2 =$

1 ぶろっくを みて けいさんしましょう。

① 15 + 2

② 14 + 5

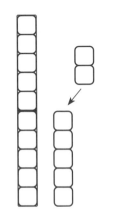

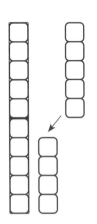

15 + 2 = □

14 + 5 = □

2 けいさん しましょう。

① 15 + 3 =

② 13 + 2 =

③ 12 + 4 =

④ 12 + 6 =

1 ぶろっくを みて けいさんしましょう。

① 18 - 3

② 16 - 4

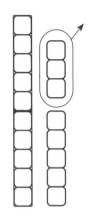

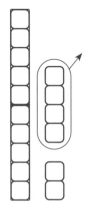

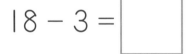

18 - 3 = □

16 - 4 = □

2 けいさん しましょう。

① 19 - 4 =

② 18 - 5 =

③ 16 - 3 =

④ 17 - 6 =

7 10より おおきい かず（17）
10より おおきい　かず ⑰

7 10より おおきい かず（18）
10より おおきい　かず ⑱

なまえ

① $11 + 3 =$

② $15 + 4 =$

③ $13 + 4 =$

④ $16 + 2 =$

⑤ $12 + 5 =$

⑥ $17 + 2 =$

⑦ $13 + 6 =$

⑧ $14 + 4 =$

⑨ $15 - 2 =$

⑩ $19 - 6 =$

⑪ $17 - 3 =$

⑫ $14 - 2 =$

⑬ $16 - 4 =$

⑭ $18 - 4 =$

⑮ $17 - 5 =$

⑯ $17 - 2 =$

① $12 + 7 =$

② $13 + 2 =$

③ $13 + 6 =$

④ $16 + 2 =$

⑤ $14 + 2 =$

⑥ $11 + 3 =$

⑦ $15 + 2 =$

⑧ $14 + 3 =$

⑨ $12 + 6 =$

⑩ $12 + 3 =$

⑪ $17 + 2 =$

⑫ $14 + 5 =$

⑬ $18 - 3 =$

⑭ $15 - 3 =$

⑮ $13 - 3 =$

⑯ $19 - 6 =$

⑰ $19 - 4 =$

⑱ $17 - 4 =$

⑲ $12 - 1 =$

⑳ $16 - 3 =$

㉑ $14 - 2 =$

㉒ $19 - 7 =$

㉓ $16 - 4 =$

㉔ $18 - 4 =$

● かずを　かぞえましょう。
かずだけ　ぶろっくに　いろを　ぬって，□ に
すうじで　かきましょう。

①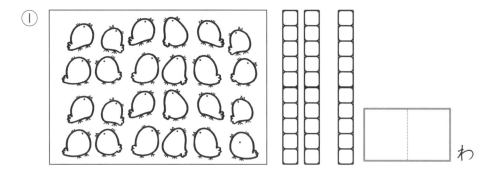
わ

②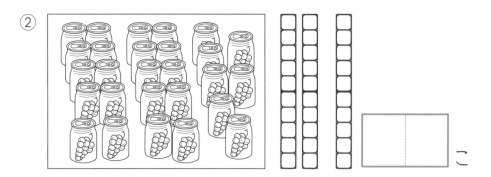
こ

③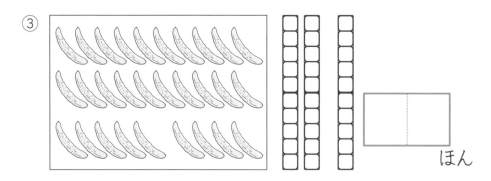
ほん

● かずを　かぞえましょう。
かずだけ　ぶろっくに　いろを　ぬって，□ に
すうじで　かきましょう。

①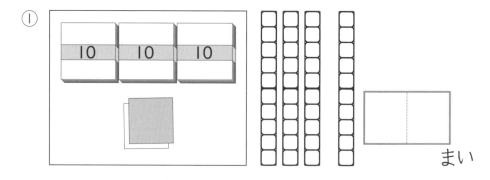
まい

②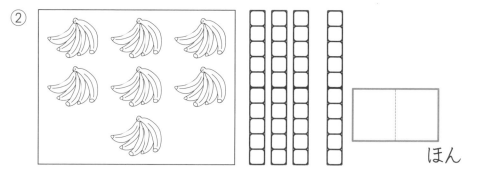
ほん

③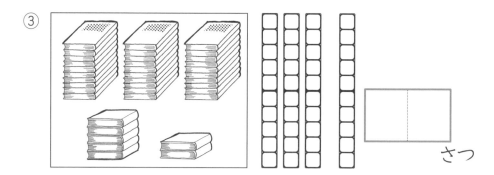
さつ

7 10より おおきい かず (21)
20より おおきい かず ③

● かずを かぞえましょう。
　□に あてはまる かずを かきましょう。

①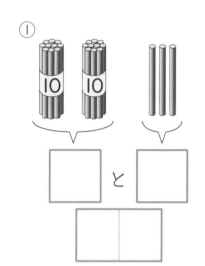

　□ と □

　□

②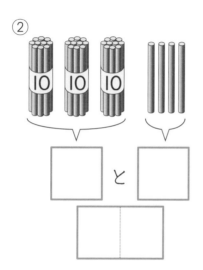

　□ と □

　□

③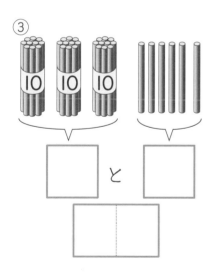

　□ と □

　□

④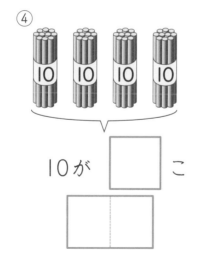

　10が □ こ

　□

7 10より おおきい かず (22)
20より おおきい かず ④

● かれんだあを みて こたえましょう。

8がつ

にち	げつ	か	すい	もく	きん	ど
	1	2	3	4	5	6
7	8	9	10	11	12	13
14	15	16	17	18	19	20
21	22	23	24	25	26	27
28	29	30	31			

① 8がつは なんにち ありますか。

　□ にち

② にちようびは なんにち ありますか。

　□ にち

③ 24にちは なんようびですか。

　□

④ 26にちは なんようびですか。

　□

7 ふりかえり・たしかめ (1)
10より おおきい かず

1 つぎの かずを ▭ に かきましょう。

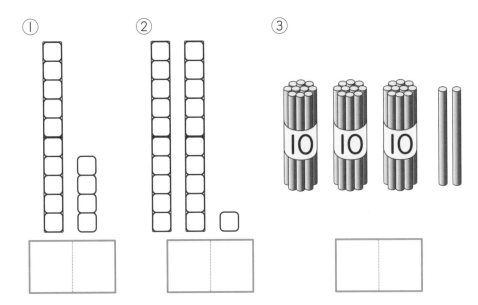

① ② ③

2 ▭に あてはまる かずを かきましょう。

① 10と 6で ▢

② 10 と ▢ で 19

③ 15は 10 と ▢

④ 20は 10 と ▢

---

7 ふりかえり・たしかめ (2)
10より おおきい かず

1 ▭に あてはまる かずを かきましょう。

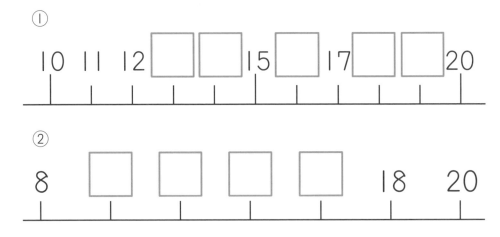

①
10 11 12 ▭ ▭ 15 ▭ 17 ▭ ▭ 20

②
8 ▭ ▭ ▭ ▭ 18 20

2 おおきい ほうの かずに ○を つけましょう。

① 12 14　　② 20 19

3 けいさんを しましょう。

① 10 + 7 =　　② 13 + 5 =

③ 13 + 3 =　　④ 10 + 10 =

⑤ 15 - 5 =　　⑥ 19 - 7 =

⑦ 18 - 3 =　　⑧ 17 - 4 =

なまえ

7 まとめのテスト
10より おおきい かず

[知識・技能]

1 □に かずを かきましょう。 (5×4)

① たまごの かず

② はなの かず

③

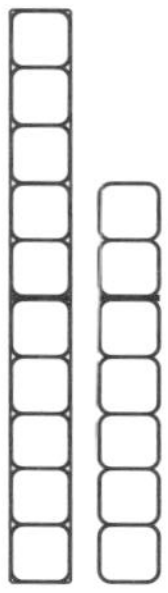

④

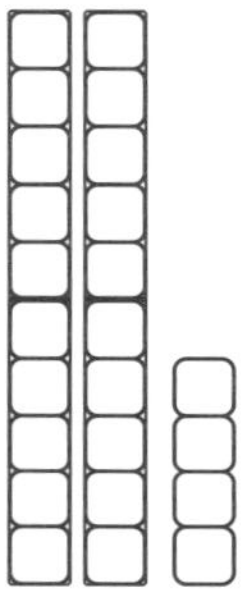

2 □に あてはまる かずを かきましょう。 (5×4)

① 10と 3で

② 10と 8で

③ 14は 10と

④ 20は 10と

3 けいさんを しましょう。 (5×2)

① 13＋4＝

② 15－3＝

[思考・判断・表現]

4 かずの せんを みて、□に あてはまる かずを かきましょう。 (10×4)

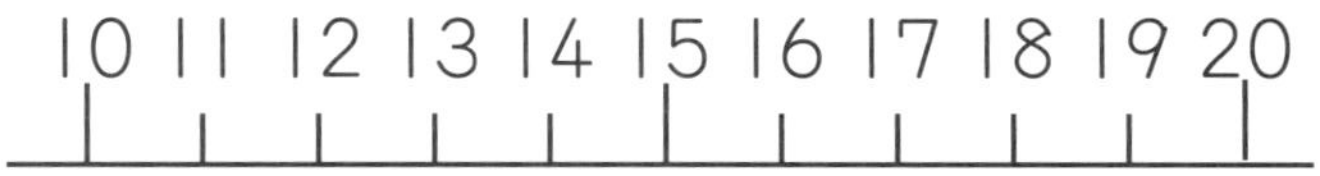

10 11 12 13 14 15 16 17 18 19 20

① 10より 4 おおきい かず

② 13より 3 おおきい かず

③ 17より 2 ちいさい かず

④ 20より 4 ちいさい かず

5 こどもが 14にん います。5にん きました。こどもは みんなで なんにんに なりましたか。 (5×2)

しき

こたえ

8 なんじ　なんじはん (1)

● とけいを　よみましょう。

①

②

③

④

⑤

⑥

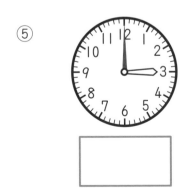

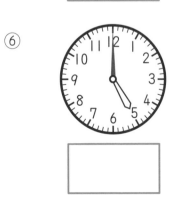

---

8 なんじ　なんじはん (2)

● とけいを　よみましょう。

①　　　　　　②

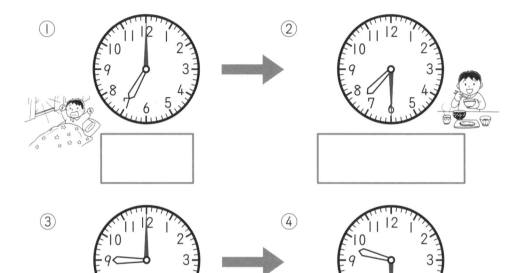

③　　　　　　④

⑤　　　　　　⑥

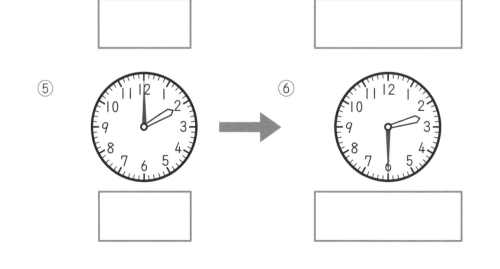

8 なんじ　なんじはん（3）

● とけいを　よみましょう。

①

②

③

④

⑤

⑥

8 なんじ　なんじはん（4）

● とけいを　よみましょう。

①

②

③

④

⑤

⑥

8 なんじ　なんじはん（5）

8 なんじ　なんじはん（6）

● ただしい　とけいに　○を　つけましょう。

① 6じの　とけい

② 3じはんの　とけい

③ 10じはんの　とけい

● ただしい　とけいに　○を　つけましょう。

① 10じの　とけい

② 5じはんの　とけい

③ 11じはんの　とけい

なまえ

8 まとめのテスト
なんじ なんじはん

[知識・技能]

① とけいを よみましょう。(10×8)

② ④ ⑥ ⑧

① ③ ⑤ ⑦

[思考・判断・表現]

② ただしい とけいに ○を
つけましょう。(10×2)

① 2じはん

② 9じはん

83

P.4

1 なかまづくりと かず (1)
たりるかな①

● どちらが おおいですか。せんを ひいて くらべましょう。おおい ほうの □に ○を つけましょう。

1 なかまづくりと かず (2)
たりるかな②

● どちらが おおいですか。かずだけ □に いろを ぬりましょう。おおい ほうの ( )に ○を つけましょう。

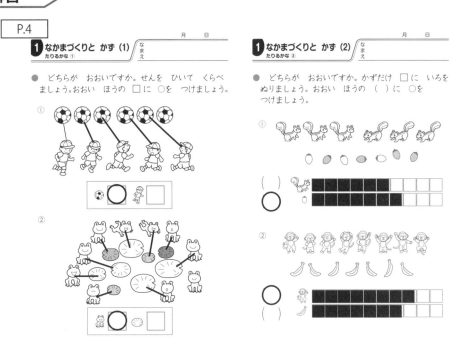

P.5

1 なかまづくりと かず (3)
おなじ かずの なかまを さがそう①

● □と おなじ かずの なかまを ○て かこみましょう。
□□と おなじ かずの なかまを あかい ○て かこみましょう。

1 なかまづくりと かず (4)
おなじ かずの なかまを さがそう②

● □□□と おなじ かずの なかまを ○て かこみましょう。
□□□□と おなじ かずの なかまを あかい ○て かこみましょう。

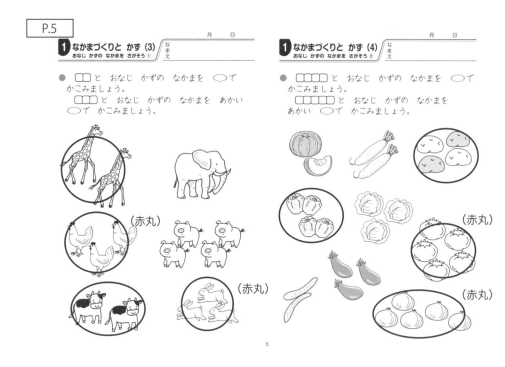

P.6

1 なかまづくりと かず (5)
おなじ かずの なかまを さがそう③

● えの かずだけ ○に いろを ぬりましょう。かずを なぞりましょう。

1 なかまづくりと かず (6)
おなじ かずの なかまを さがそう④

● かずを ていねいに かきましょう。

P.7

1 なかまづくりと かず (7)
おなじ かずの なかまを さがそう⑤

● えの かずを すうじで かきましょう。

1 なかまづくりと かず (8)
おなじ かずの なかまを さがそう⑥

● ぶろっくの かずを すうじで かきましょう。

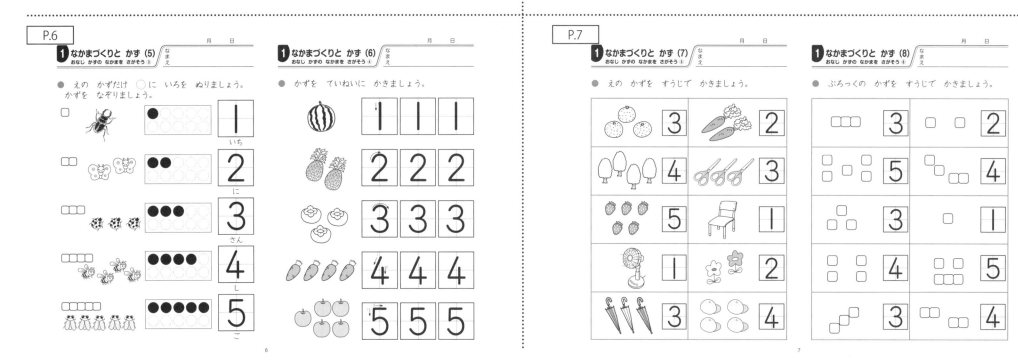

P.8

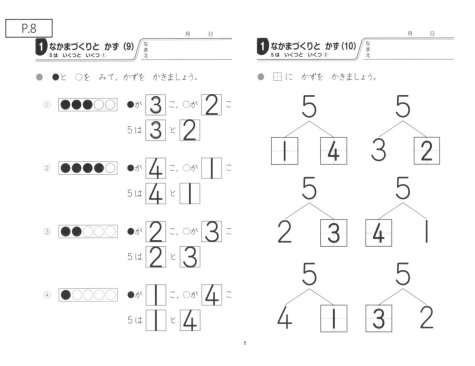

P.9

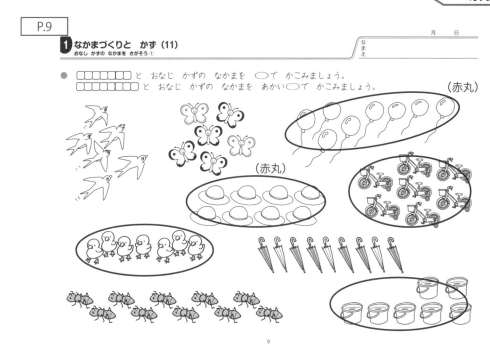

P.10

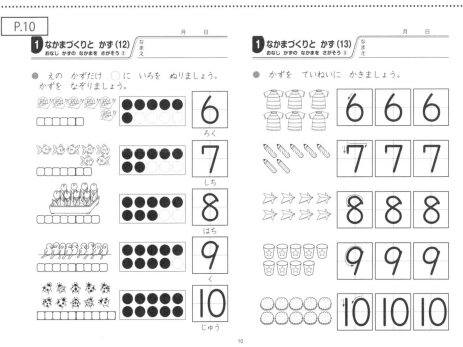

P.11

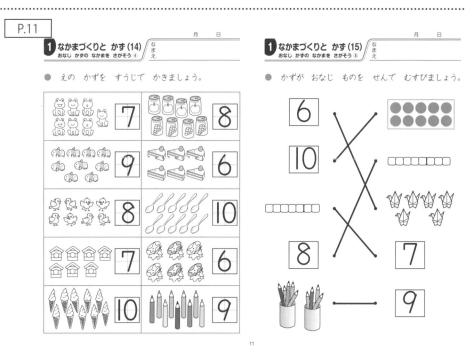

児童に実施させる前に，必ず指導される方が問題を解いてください。本書の解答は，あくまでも1つの例です。指導される方の作られた解答をもとに，本書の解答例を参考に児童の多様な考えに寄り添って○つけをお願いします。

P.12

1 なかまづくりと かず (16) いくつと いくつ①　なまえ

● □が 6こ あります。🥤で かくしています。
　⊞に かずを かきましょう。

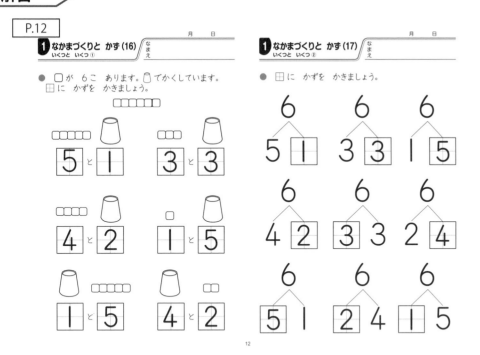

5 と 1　　3 と 3

4 と 2　　1 と 5

1 と 5　　4 と 2

1 なかまづくりと かず (17) いくつと いくつ②　なまえ

● ⊞に かずを かきましょう。

6 → 5 1　　6 → 3 3　　6 → 1 5

6 → 4 2　　6 → 3 3　　6 → 2 4

6 → 5 1　　6 → 2 4　　6 → 1 5

P.13

1 なかまづくりと かず (18) いくつと いくつ③　なまえ

● □が 7こ あります。🥤で かくしています。
　⊞に かずを かきましょう。

5 と 2　　6 と 1

4 と 3　　2 と 5

4 と 3　　6 と 1

1 なかまづくりと かず (19) いくつと いくつ④　なまえ

● ⊞に かずを かきましょう。

7 → 5 2　　7 → 6 1　　7 → 2 5

7 → 4 3　　7 → 3 4　　7 → 2 5

7 → 6 1　　7 → 5 2　　7 → 4 3

P14

1 なかまづくりと かず (20) いくつと いくつ⑤　なまえ

① 2つの かずを あわせて 8にしましょう。

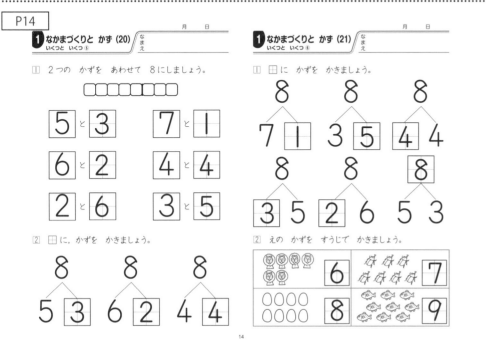

5 と 3　　7 と 1

6 と 2　　4 と 4

2 と 6　　3 と 5

② ⊞に，かずを かきましょう。

8 → 5 3　　8 → 6 2　　8 → 4 4

1 なかまづくりと かず (21) いくつと いくつ⑥　なまえ

① ⊞に かずを かきましょう。

8 → 7 1　　8 → 3 5　　8 → 4 4

8 → 3 5　　8 → 2 6　　8 → 5 3

② えの かずを すうじで かきましょう。

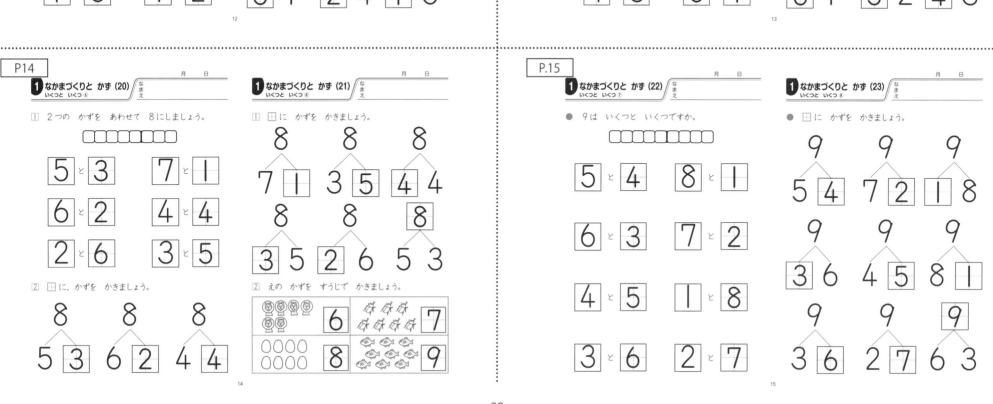

6　　7

8　　9

P.15

1 なかまづくりと かず (22) いくつと いくつ⑦　なまえ

● 9は いくつと いくつですか。

5 と 4　　8 と 1

6 と 3　　7 と 2

4 と 5　　1 と 8

3 と 6　　2 と 7

1 なかまづくりと かず (23) いくつと いくつ⑧　なまえ

● ⊞に かずを かきましょう。

9 → 5 4　　9 → 7 2　　9 → 1 8

9 → 3 6　　9 → 4 5　　9 → 8 1

9 → 3 6　　9 → 2 7　　9 → 6 3

P.16

1 なかまづくりと かず (24) いくつと いくつ⑨ / なまえ 　月　日

● □が 10こ あります。みえて いる かずと かくれて いる かずは いくつと いくつですか。

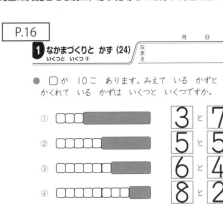

① 3 と 7
② 5 と 5
③ 6 と 4
④ 8 と 2
⑤ 4 と 6
⑥ 9 と 1
⑦ 2 と 8
⑧ 7 と 3
⑨ 1 と 9

1 なかまづくりと かず (25) いくつと いくつ⑩ / なまえ 　月　日

● ⊞に かずを かきましょう。

10 → 5, 5
10 → 7, 3
10 → 8, 2

10 → 3, 7
10 → 8, 2
10 → 4, 6

10 → 1, 9
10 → 4, 6
10 → 7, 3

10 → 1, 9
10 → 5, 5
10 → 6, 4

16

P.17

1 なかまづくりと かず (26) いくつと いくつ⑪ / なまえ 　月　日

● ⊞に かずを かきましょう。

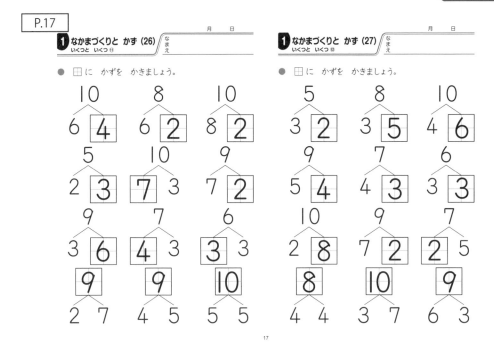

10 → 6, 4
8 → 6, 2
10 → 8, 2

5 → 2, 3
10 → 7, 3
9 → 7, 2

9 → 3, 6
7 → 4, 3
6 → 3, 3

9 → 2, 7
9 → 4, 5
10 → 5, 5

1 なかまづくりと かず (27) いくつと いくつ⑫ / なまえ 　月　日

● ⊞に かずを かきましょう。

5 → 3, 2
8 → 3, 5
10 → 4, 6

9 → 5, 4
7 → 4, 3
6 → 3, 3

10 → 8, 2
9 → 7, 2
7 → 2, 5

8 → 4, 4
10 → 3, 7
9 → 6, 3

17

P.18

1 なかまづくりと かず (28) いくつと いくつ⑬ / なまえ 　月　日

● 2つの かずで 10を つくります。たて、よこ、ななめで みつけて，せんで かこみましょう。

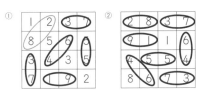
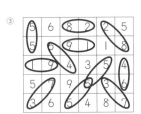

1 なかまづくりと かず (29) いくつと いくつ⑭ / なまえ 　月　日

● えの かずを すうじで かきましょう。

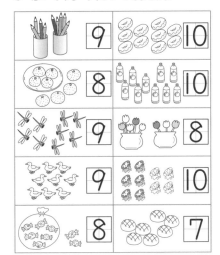

9　10
8　10
9　8
9　10
8　7

18

P19

1 なかまづくりと かず (30) おおきさを くらべよう① / なまえ 　月　日

● ぶろっくの かずを すうじで かきましょう。

3　5　7　2　6　4

8　9　10　4　1　7

1 なかまづくりと かず (31) おおきさを くらべよう② / なまえ 　月　日

● かずの おおきい ほうの □に ○を つけましょう。

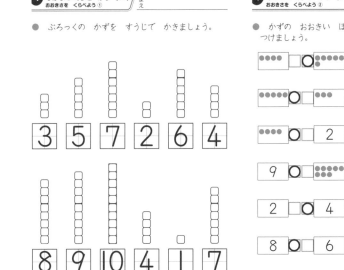

9 ○ 2
2 ○ 4
8 ○ 6

7 ○ 5
10 ○ 9

19

P.20

1 なかまづくりと かず (32)
かずの ならびかた ①

● 囗に あてはまる 1〜10の かずを かきましょう。

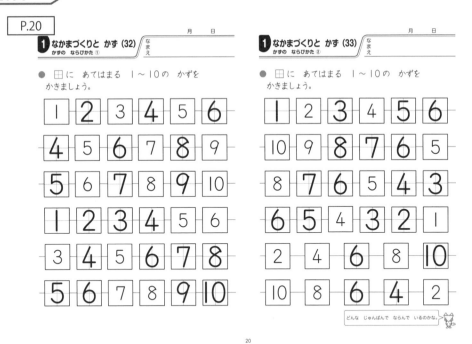

1 なかまづくりと かず (33)
かずの ならびかた ②

● 囗に あてはまる 1〜10の かずを かきましょう。

どんな じゅんばんで ならんで いるのかな。

P.21

1 なかまづくりと かず (34)
0と いう かず ①

① みかんの かずを すうじで かきましょう。

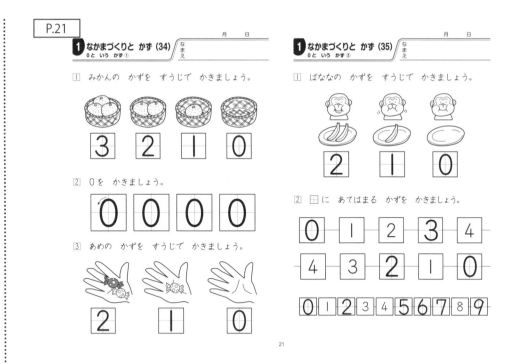

② 0を かきましょう。

③ あめの かずを すうじで かきましょう。

1 なかまづくりと かず (35)
0と いう かず ②

① ばななの かずを すうじで かきましょう。

② 囗に あてはまる かずを かきましょう。

P.22

1 ふりかえり・たしかめ (1)
なかまづくりと かず

① えの かずを すうじで かきましょう。

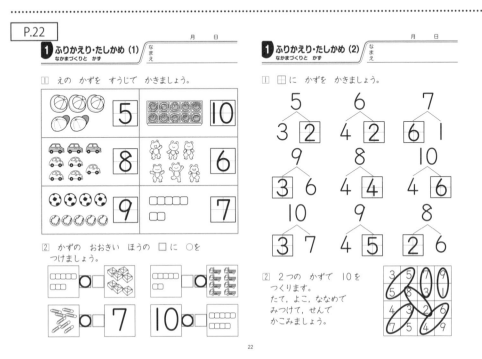

② かずの おおきい ほうの 囗に ○を つけましょう。

1 ふりかえり・たしかめ (2)
なかまづくりと かず

① 囗に かずを かきましょう。

② 2つの かずで 10を つくります。
たて，よこ，ななめて みつけて，せんて かこみましょう。

P.23

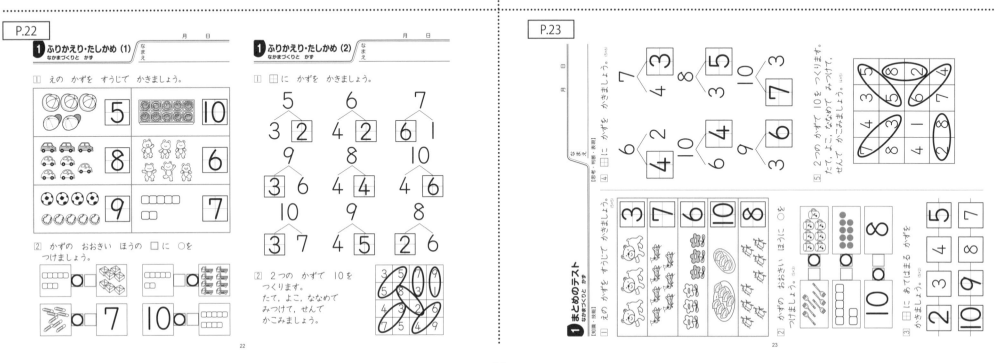

1 まとめのテスト
なかまづくりと かず

[知識・技能]
① えの かずを すうじで かきましょう。(5×6)

② かずの おおきい ほうに ○を つけましょう。(5×2)

③ 囗に あてはまる かずを かきましょう。(5×2)

[思考・判断・表現]
④ 囗に かずを かきましょう。(5×6)

⑤ 2つの かずて 10を つくります。たて，よこ，ななめて みつけて，せんて かこみましょう。(4×5)

P.24
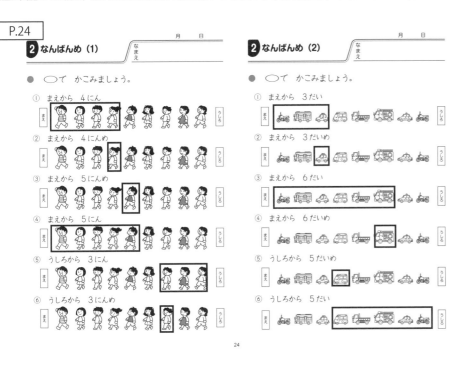

P.25
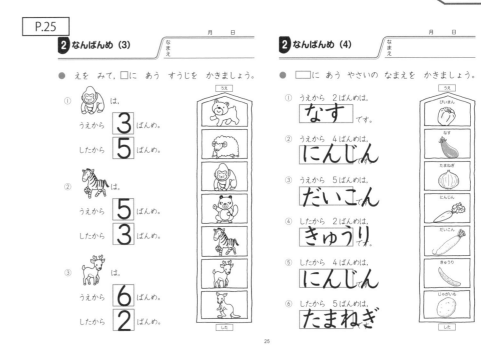

P.26
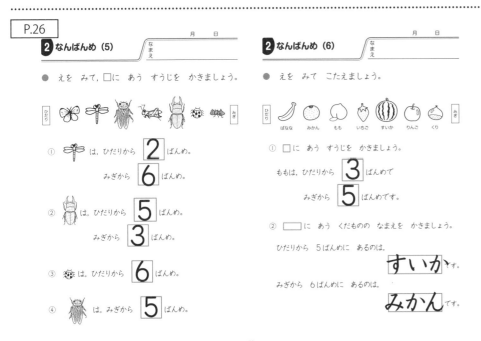

P27
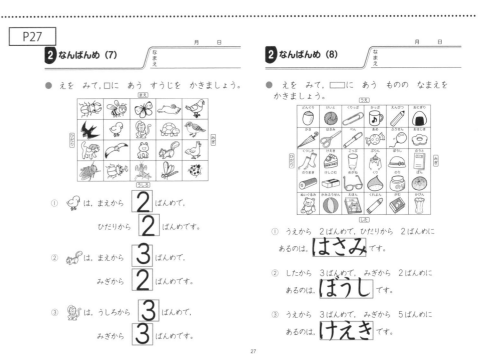

P.28

2 ふりかえり・たしかめ (1)
なんばんめ

● えを みて こたえましょう。

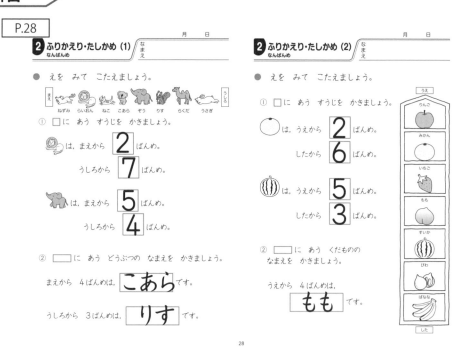

① □に あう すうじを かきましょう。

🦁 は，まえから **2** ばんめ。

うしろから **7** ばんめ。

🐘 は，まえから **5** ばんめ。

うしろから **4** ばんめ。

② □に あう どうぶつの なまえを かきましょう。

まえから 4ばんめは，**こあら** です。

うしろから 3ばんめは，**りす** です。

2 ふりかえり・たしかめ (2)
なんばんめ

● えを みて こたえましょう。

① □に あう すうじを かきましょう。

🍊 は，うえから **2** ばんめ。

したから **6** ばんめ。

🍉 は，うえから **5** ばんめ。

したから **3** ばんめ。

② □に あう くだものの なまえを かきましょう。

うえから 4ばんめは，**もも** です。

P.29

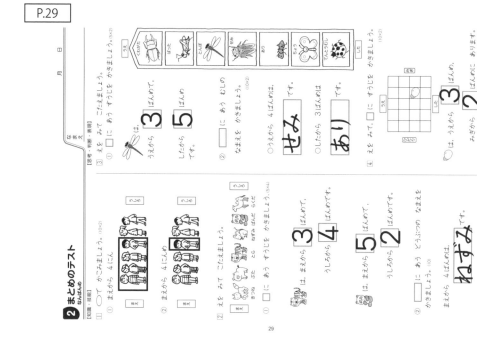

P.30

3 あわせて ふえると いくつ (1)
あわせる①

● えを みて，しきに かきましょう。

①

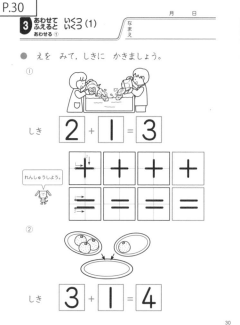

しき **2 + 1 = 3**

れんしゅうしよう。

②

しき **3 + 1 = 4**

3 あわせて ふえると いくつ (2)
あわせる②

● えを みて，しきに かきましょう。

① しき **3 + 2 = 5**

② しき **2 + 2 = 4**

③ □□□ → ←□

しき **3 + 1 = 4**

P.31

3 あわせて ふえると いくつ (3)
あわせる③

① みんなで なんにんに なりますか。

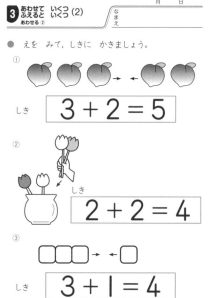

しき **3 + 2 = 5**

こたえ **5** にん

② ぜんぶで なんこに なりますか。

しき **4 + 2 = 6**

こたえ **6** こ

3 あわせて ふえると いくつ (4)
あわせる④

① 3こと 5こ いれます。
あわせて なんこに なりますか。

しき **3 + 5 = 8**

こたえ **8** こ

② 5わと 2わ とんできます。
ぜんぶで なんわに なりますか。

しき **5 + 2 = 7**

こたえ **7** わ

P.32

3 あわせて いくつ ふえると いくつ (5) ふえる① / なまえ　月　日

● えを みて，しきを かきましょう。

①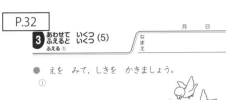

しき　$3 + 3 = 6$

②

しき　$6 + 2 = 8$

32

---

3 あわせて いくつ ふえると いくつ (6) ふえる② / なまえ　月　日

① ６ぴき くると，みんなで なんびきに なりますか。

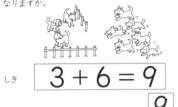

しき　$3 + 6 = 9$

こたえ　9　ひき

② ２こ かって きました。ぜんぶで なんこに なりますか。

しき　$6 + 2 = 8$

こたえ　8　こ

P.33

3 あわせて いくつ ふえると いくつ (7) ふえる③ / なまえ　月　日

① ４＋３の しきに なる えは どれですか。○を つけましょう。

② ３＋５の しきに なる えは どれですか。○を つけましょう。

33

---

3 あわせて いくつ ふえると いくつ (8) ふえる④ / なまえ　月　日

① ４ひき いれると，あわせて なんびきに なりますか。

しき　$4 + 4 = 8$

こたえ　8　ひき

② ６とう ふえると みんなで なんとうに なりますか。

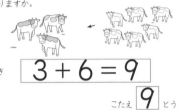

しき　$3 + 6 = 9$

こたえ　9　とう

P.34

3 あわせて いくつ ふえると いくつ (9) ふえる⑤ / なまえ　月　日

● しきに かいて こたえましょう。

①

３びき います。／４ひき きました。／ぜんぶで なんびきに なりましたか。

しき　$3 + 4 = 7$

こたえ　7　ひき

②

４ほん あります。／２ほん いれました。／ぜんぶで なんぼんに なりましたか。

しき　$4 + 2 = 6$

こたえ　6　ぼん

34

---

3 あわせて いくつ ふえると いくつ (10) たしざん① / なまえ　月　日

① $2 + 2 = 4$　② $1 + 2 = 3$　③ $3 + 2 = 5$

④ $3 + 1 = 4$　⑤ $1 + 4 = 5$　⑥ $1 + 1 = 2$

⑦ $5 + 2 = 7$　⑧ $3 + 3 = 6$　⑨ $8 + 2 = 10$

⑩ $2 + 4 = 6$　⑪ $7 + 2 = 9$　⑫ $3 + 6 = 9$

⑬ $6 + 4 = 10$　⑭ $4 + 4 = 8$　⑮ $3 + 5 = 8$

⑯ $4 + 3 = 7$　⑰ $3 + 7 = 10$　⑱ $5 + 5 = 10$

P.35

3 あわせて いくつ ふえると いくつ (11) たしざん② / なまえ　月　日

① $2 + 1 = 3$　② $2 + 3 = 5$　③ $1 + 3 = 4$

④ $5 + 3 = 8$　⑤ $4 + 5 = 9$　⑥ $7 + 2 = 9$

⑦ $6 + 2 = 8$　⑧ $1 + 9 = 10$　⑨ $3 + 4 = 7$

⑩ $8 + 1 = 9$　⑪ $4 + 4 = 8$　⑫ $2 + 8 = 10$

⑬ $5 + 2 = 7$　⑭ $6 + 3 = 9$　⑮ $3 + 3 = 6$

⑯ $3 + 7 = 10$　⑰ $2 + 6 = 8$　⑱ $4 + 6 = 10$

---

3 あわせて いくつ ふえると いくつ (12) たしざん③ / なまえ　月　日

① きに せみが ２ひき います。３びき きました。せみは，あわせて なんびきに なりましたか。

しき　$2 + 3 = 5$

こたえ　5　ひき

② らいおんが ３とう，ねこが ５とう います。らいおんは，ぜんぶで なんとう いますか。

しき　$3 + 5 = 8$

こたえ　8　とう

③ あかい あさがおの はなが ４こ，むらさきの あさがおの はなが ６こ さきました。あわせて なんこ さきましたか。

しき　$4 + 6 = 10$

こたえ　10　こ

35

児童に実施させる前に，必ず指導される方が問題を解いてください。本書の解答は，あくまでも1つの例です。指導される方の作られた解答をもとに，本書の解答例を参考に児童の多様な考えに寄り添って○つけをお願いします。

P.36

3 あわせて いくつ ふえると いくつ (13) たしざん④

① どんぐりを まさきさんは 3こ，おにいさんは 6こ ひろいました。ぜんぶで なんこ どんぐりを ひろいましたか。

しき 3 + 6 = 9

こたえ 9こ

② あかい りんごが 4こ，あおい りんごが 3こ あります。りんごは，あわせて なんこ ありますか。

しき 4 + 3 = 7

こたえ 7こ

③ こどもが 7にん あそんで います。3にん やってきました。こどもは，みんなで なんにんに なりましたか。

しき 7 + 3 = 10

こたえ 10にん

---

3 あわせて いくつ ふえると いくつ (14) たしざん⑤

① こたえが 8に なる かあどに ○を つけましょう。

（⑥+2）　5+2　6+3　（3+5）

5+4　（4+4）　7+2　4+3

② こたえが 10に なる かあどに ○を つけましょう。

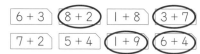

6+3　（8+2）　（1+8）　（3+7）

7+2　5+4　（1+9）　（6+4）

③ かあどの しきと こたえを せんで むすびましょう。

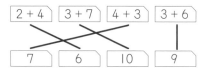

2+4　3+7　4+3　3+6

7　6　10　9

P.37

3 あわせて いくつ ふえると いくつ (15) 0の たしざん

① きんぎょは，あわせて なんびきに なりますか。

①

2 + 1 = 3

こたえ 3びき

②

2 + 0 = 2

こたえ 2ひき

③

0 + 0 = 0

こたえ 0ひき

② たしざんを しましょう。

①4 + 0 = 4　②0 + 3 = 3

③0 + 8 = 8　④0 + 0 = 0

---

3 あわせて いくつ ふえると いくつ (16) おはなしづくり①

● えを みて，たしざんの おはなしを つくりましょう。

①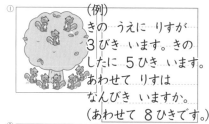

（例）
きの うえに りすが 3びき います。きの したに 5ひき います。あわせて りすは なんびき いますか。
（あわせて 8ひきです。）

②

（例）
かめが いけに 2ひき，きしに 5ひき います。かめは ぜんぶで なんびき いますか。
（ぜんぶで 7ひき います。）

P.38

3 あわせて いくつ ふえると いくつ (17) おはなしづくり②

● えを みて，たしざんの おはなしを つくりましょう。

①

（例）
おさらに たこやきが 4こ あります。もうひとつの おさらに 5こ あります。ぜんぶで たこやきは なんこ ありますか。
（ぜんぶで 9こ あります。）

②

（例）
8りょうの でんしゃに 2りょうの でんしゃを つなぎました。ぜんぶで なんりょうの でんしゃに なりますか。
（ぜんぶで 10りょうです。）

---

3 ふりかえり・たしかめ (1) あわせて いくつ ふえると いくつ

● えと しきを せんで むすびましょう。

あ　2 + 3 = 5

い　4 + 3 = 7

う　4 + 4 = 8

え　5 + 5 = 10

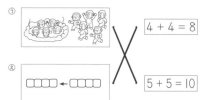

P.39

3 ふりかえり・たしかめ (2) あわせて いくつ ふえると いくつ

①2 + 3 = 5　②3 + 1 = 4　③5 + 3 = 8

④4 + 1 = 5　⑤6 + 2 = 8　⑥3 + 4 = 7

⑦7 + 2 = 9　⑧2 + 4 = 6　⑨8 + 1 = 9

⑩4 + 4 = 8　⑪5 + 2 = 7　⑫1 + 2 = 3

⑬2 + 5 = 7　⑭9 + 1 = 10　⑮7 + 3 = 10

⑯3 + 3 = 6　⑰6 + 4 = 10　⑱1 + 4 = 5

⑲1 + 6 = 7　⑳3 + 7 = 10　㉑3 + 6 = 9

㉒1 + 9 = 10　㉓2 + 6 = 8　㉔8 + 2 = 10

---

3 ふりかえり・たしかめ (3) あわせて いくつ ふえると いくつ

①5 + 1 = 6　②6 + 3 = 9　③7 + 1 = 8

④2 + 8 = 10　⑤4 + 5 = 9　⑥3 + 5 = 8

⑦1 + 3 = 4　⑧8 + 2 = 10　⑨4 + 3 = 7

⑩2 + 2 = 4　⑪5 + 4 = 9　⑫1 + 7 = 8

⑬3 + 6 = 9　⑭4 + 2 = 6　⑮3 + 4 = 7

⑯3 + 3 = 6　⑰2 + 7 = 9　⑱9 + 1 = 10

⑲2 + 1 = 3　⑳3 + 2 = 5　㉑5 + 5 = 10

㉒1 + 8 = 9　㉓6 + 1 = 7　㉔2 + 4 = 6

㉕2 + 7 = 9　㉖1 + 9 = 10　㉗6 + 4 = 10

㉘4 + 6 = 10　㉙1 + 5 = 6　㉚4 + 4 = 8

P.40

3 ふりかえり・たしかめ (4)　あわせて いくつ ふえると いくつ

①2+1=3	②4+2=6	③3+5=8
④4+5=9	⑤3+1=4	⑥4+3=7
⑦5+3=8	⑧5+5=10	⑨6+1=7
⑩2+8=10	⑪6+4=10	⑫1+3=4
⑬7+2=9	⑭2+3=5	⑮8+1=9
⑯1+1=2	⑰4+4=8	⑱4+1=5
⑲7+0=7	⑳3+3=6	㉑2+5=7
㉒2+6=8	㉓1+9=10	㉔7+3=10
㉕8+2=10	㉖5+2=7	㉗4+6=10
㉘0+0=0	㉙2+4=6	㉚6+3=9
㉛1+5=6	㉜2+7=9	㉝5+4=9
㉞3+4=7	㉟7+1=8	㊱3+0=3
㊲9+0=9	㊳3+6=9	㊴1+6=7
㊵6+2=8	㊶8+0=8	㊷4+4=8
㊸3+2=5	㊹0+2=2	㊺3+7=10

3 ふりかえり・たしかめ (5)　あわせて いくつ ふえると いくつ

①3+2=5	②2+2=4	③3+7=10
④4+6=10	⑤5+1=6	⑥5+5=10
⑦2+8=10	⑧4+4=8	⑨1+7=8
⑩6+3=9	⑪4+2=6	⑫9+1=10
⑬1+0=1	⑭3+4=7	⑮3+5=8
⑯1+4=5	⑰7+2=9	⑱0+3=3
⑲8+2=10	⑳2+6=8	㉑4+5=9
㉒5+2=7	㉓6+1=7	㉔0+0=0
㉕2+5=7	㉖1+2=3	㉗2+7=9
㉘2+6=8	㉙3+1=4	㉚3+7=10
㉛4+3=7	㉜1+6=7	㉝2+4=6
㉞1+8=9	㉟1+9=10	㊱2+0=2
㊲5+4=9	㊳0+5=5	㊴7+1=8
㊵8+1=9	㊶6+4=10	㊷2+3=5
㊸4+0=4	㊹3+1=4	㊺5+3=8

P.41

3 ふりかえり・たしかめ (6)　あわせて いくつ ふえると いくつ

① みかん を ひるに 3こ，よるに 3こ たべました。あわせて なんこ たべましたか。

しき 3+3=6　こたえ 6こ

② くろの えんぴつを 6ぽん，あかの えんぴつを 2ほん もって います。もって いる えんぴつは，ぜんぶで なんぼんですか。

しき 6+2=8　こたえ 8ほん

③ おうだんほどうを あるいて いる ひとは，こどもが 4にん，おとなが 6にんです。みんなで なんにん いますか。

しき 4+6=10　こたえ 10にん

3 ふりかえり・たしかめ (7)　あわせて いくつ ふえると いくつ

● □に かずを かいて，たしざんの しきを つくりましょう。(例)

① 4+1=5
② 3+3=6
③ 4+3=7
④ 4+4=8
⑤ 5+4=9
⑥ 3+6=9
⑦ 5+5=10
⑧ 4+6=10

いろいろな しきが つくれるね。

P.42

3 まとめのテスト　あわせて いくつ ふえると いくつ

【知識・技能】

① たしざんを しましょう。(5×10)

① 3+1=4
② 5+2=7
③ 2+6=8
④ 2+3=5
⑤ 3+4=7
⑥ 5+5=10
⑦ 4+4=8
⑧ 8+2=10
⑨ 1+9=10
⑩ 6+3=9

【思考・判断・表現】

② しろい はなが 2こ，あかい はなが 2こ さいて います。あわせて なんこ さいて いますか。(5×2)

しき 2+2=4　こたえ 4こ

③ とりが でんせんに 3わ とまって います。7わ とんで きました。ぜんぶで なんわに なりましたか。(5×2)

しき 3+7=10　こたえ 10わ

④ おかしが おさらに 3こ，ふくろに 3こ あります。あわせて なんこに なりますか。(5×2)

しき 3+3=6　こたえ 6こ

⑤ たまいれで，1かいめは 2こ，2かいめは 6こ はいりました。あわせて なんこ はいりましたか。(5×2)

しき 2+6=8　こたえ 8こ

⑥ すなばで 6にん あそんで います。あとから 4にん きました。みんなで なんにんに なりましたか。(5×2)

しき 6+4=10　こたえ 10にん

P.43

4 のこりは いくつ ちがいは いくつ (1)　のこりは いくつ①

● えを みて，しきに かきましょう。

①

しき 3-2=1

れんしゅうしよう。　ー　ー　ー　ー

②

しき 4-1=3

4 のこりは いくつ ちがいは いくつ (2)　のこりは いくつ②

● えを みて，しきに かきましょう。

①

しき 5-3=2

②

しき 4-2=2

③

しき 3-1=2

P.44

4 のこりは いくつ (3)
のこりは いくつ③

① 3びき とんで いくと, のこりは なんびきに なりますか。しきに かいて こたえましょう。

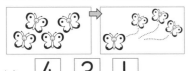

しき $4 - 3 = 1$

こたえ 1 びき

② 2こ たべると, のこりは なんこに なりますか。

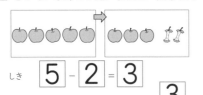

しき $5 - 2 = 3$

こたえ 3 こ

4 のこりは いくつ (4)
のこりは いくつ④

● しきに かいて こたえましょう。

①

おりがみが 5まい あります。／ 2まい つかいました。／ のこりは なんまいに なりましたか。

しき $5 - 2 = 3$

こたえ 3 まい

②

みかんが 5こ あります。／ 4こ たべました。／ のこりは なんこに なりましたか。

しき $5 - 4 = 1$

こたえ 1 こ

P.45

4 のこりは いくつ (5)
ひきざん①

① $4 - 3 = 1$ ② $6 - 1 = 5$ ③ $3 - 2 = 1$
④ $2 - 1 = 1$ ⑤ $5 - 2 = 3$ ⑥ $4 - 1 = 3$
⑦ $6 - 5 = 1$ ⑧ $7 - 2 = 5$ ⑨ $8 - 1 = 7$
⑩ $7 - 4 = 3$ ⑪ $6 - 3 = 3$ ⑫ $8 - 5 = 3$
⑬ $9 - 1 = 8$ ⑭ $7 - 6 = 1$ ⑮ $9 - 5 = 4$
⑯ $8 - 4 = 4$ ⑰ $9 - 3 = 6$ ⑱ $9 - 8 = 1$
⑲ $10 - 1 = 9$ ⑳ $10 - 3 = 7$ ㉑ $10 - 4 = 6$

4 のこりは いくつ (6)
ひきざん②

① $5 - 3 = 2$ ② $8 - 2 = 6$ ③ $3 - 1 = 2$
④ $4 - 2 = 2$ ⑤ $7 - 1 = 6$ ⑥ $5 - 4 = 1$
⑦ $6 - 4 = 2$ ⑧ $5 - 1 = 4$ ⑨ $7 - 5 = 2$
⑩ $7 - 3 = 4$ ⑪ $6 - 2 = 4$ ⑫ $8 - 6 = 2$
⑬ $8 - 3 = 5$ ⑭ $9 - 2 = 7$ ⑮ $8 - 7 = 1$
⑯ $9 - 7 = 2$ ⑰ $9 - 4 = 5$ ⑱ $9 - 6 = 3$
⑲ $10 - 2 = 8$ ⑳ $10 - 5 = 5$ ㉑ $10 - 7 = 3$
㉒ $10 - 6 = 4$ ㉓ $10 - 8 = 2$ ㉔ $10 - 9 = 1$

P.46

4 のこりは いくつ (7)
ひきざん③

① ちょうが 8ひき います。
は 5ひきです。
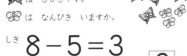は なんびき いますか。

しき $8 - 5 = 3$

こたえ 3 びき

② ねこが 9ひき います。
は 3びきです。
は なんびき いますか。

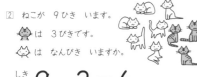
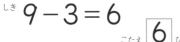

しき $9 - 3 = 6$

こたえ 6 びき

4 のこりは いくつ (8)
ひきざん④

① にわとりが 7わ います。
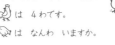は 4わです。
は なんわ いますか。

しき $7 - 4 = 3$

こたえ 3 わ

② ぼうしが 10こ あります。
そのうち 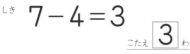は 4こです。
は なんこ ありますか。

しき $10 - 4 = 6$

こたえ 6 こ

P.47

4 のこりは いくつ (9)
ひきざん⑤

● つぎの こたえに なる かあどを えらんで, □に しきを かきましょう。

① こたえが 3に なる

| $9-6$ | $7-4$ | $10-7$ | $6-3$ |

② こたえが 2に なる

| $10-8$ | $8-6$ | $9-7$ | $6-4$ |

③ こたえが 1に なる

| $7-6$ | $4-3$ | $10-9$ | $8-7$ |

$9-6$	$10-8$	$7-4$	$7-6$	$9-5$
$8-6$	$4-3$	$8-4$	$9-7$	$10-7$
$10-9$	$6-3$	$8-7$	$10-6$	$6-4$

4 のこりは いくつ (10)
0の ひきざん

① びんが 3ぼん あります。ぼうるで びんを たおします。たおれて いない びんは, なんぼん ですか。

① 2ほん たおすと,
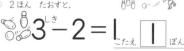
しき $3 - 2 = 1$

こたえ 1 ぼん

② 3ぼん たおすと,
しき $3 - 3 = 0$

こたえ 0 ぼん

③ 1ぼんも たおせないと,
しき $3 - 0 = 3$

こたえ 3 ぼん

② ひきざんを しましょう。

① $4 - 4 = 0$ ② $7 - 0 = 7$
③ $10 - 0 = 10$ ④ $0 - 0 = 0$

P.48

4 のこりは いくつ
ちがいは いくつ (11)
ちがいは いくつ①

① ⬜ が 9まい，👕 が 5まい あります。
👕 は，⬜ より なんまい おおいでしょうか。

しき $9-5=4$　こたえ [4] まい

② が 7こ，⚫ が 4こ あります。
は，⚫ より なんこ おおいでしょうか。

しき $7-4=3$　こたえ [3] こ

4 のこりは いくつ
ちがいは いくつ (12)
ちがいは いくつ②

① おりがみを おって つくりました。

が なんこ おおいでしょうか。

しき $7-5=2$　こたえ 2こ

② にわとりと ひよこが います。

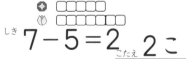

ひよこが なんわ おおいでしょうか。

しき $8-6=2$　こたえ 2わ

P.49

4 のこりは いくつ
ちがいは いくつ (13)
ちがいは いくつ③

① おすの らいおん と めすの らいおん が
います。どちらが なんとう おおいでしょうか。

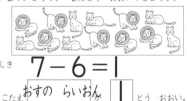

しき $7-6=1$
こたえ おすの らいおん [1] とう おおい。

② みかんと りんごが あります。
どちらが なんこ おおいでしょうか。

しき $7-4=3$
こたえ みかん が [3] こ おおい。

4 のこりは いくつ
ちがいは いくつ (14)
ちがいは いくつ④

① とらっくが 3だい，ばすが 7だい とまって
います。どちらが なんだい おおいでしょうか。

しき $7-3=4$
こたえ ばす が [4] だい おおい。

② りすが 1こずつ どんぐりを たべます。
どんぐりは なんこ のこりますか。

しき $9-6=3$
こたえ 3こ

P.50

4 のこりは いくつ
ちがいは いくつ (15)
ちがいは いくつ⑤

① けえきを 1こずつ おさらに のせます。
けえきが 7こ，おさらが 10まい あります。
どちらが どれだけ おおいでしょうか。

しき $10-7=3$
こたえ おさらが 3まい おおい。

② こども ひとりが 1だいの いちりんしゃに
のります。こどもが 4にん います。
いちりんしゃは 6だい あります。
どちらが どれだけ おおいでしょうか。

しき $6-4=2$
こたえ いちりんしゃが 2だい おおい。

4 のこりは いくつ
ちがいは いくつ (16)
ちがいは いくつ⑥

① ぼうしが 5こ，むぎわらぼうしが 9こ
あります。かずの ちがいは なんこですか。

しき $9-5=4$
こたえ 4こ

② 10りょうの でんしゃと，8りょうの でんしゃが
あります。かずの ちがいは なんりょうですか。

しき $10-8=2$
こたえ 2りょう

P.51

4 のこりは いくつ
ちがいは いくつ (17)
おはなしづくり①

● えを みて，ひきざんの おはなしを つくりましょう。

①
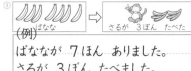
ばなな　⇒　さるが 3ぼん たべた

(例)
ばななが 7ほん ありました。
さるが 3ぼん たべました。
のこりは なんぼんに なりましたか。
(のこりは 4ほんに なりました。)

②
ばす ～ しまうま 7とう　こどもが 5とう

(例)
しまうまが ぜんぶで 7とう います。
そのうち こどもが 5とうです。
おとなの しまうまは なんとうですか。
(おとなの しまうまは 2とうです。)

4 のこりは いくつ
ちがいは いくつ (18)
おはなしづくり②

● えを みて，ひきざんの おはなしを つくりましょう。

①

とら 5とう　らいおん 2とう

(例)
とらが 5とう います。
らいおんが 2とう います。
どちらが なんとう おおいですか。
(とらが 3とう おおいです。)

②
じゅうすぱっく 4こ　じゅうすかん 6こ

(例)
じゅうすぱっくが 4こ，
じゅうすかんが 6こ あります。
どちらが なんこ おおいですか。
(じゅうすかんが 2こ おおいです。)

児童に実施させる前に，必ず指導される方が問題を解いてください。本書の解答は，あくまでも１つの例です。指導される方の作られた解答をもとに，本書の解答例を参考に児童の多様な考えに寄り添って○つけをお願いします。

P.52

4 ふりかえり・たしかめ (1)
のこりは　いくつ　ちがいは　いくつ　なまえ

① えと しきを せんで むすびましょう。

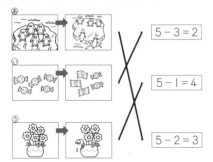

5 − 3 = 2
5 − 1 = 4
5 − 2 = 3

② あさがおの はなが さきました。あかい はなが 6こ，あおい はなが 9こ さきました。どちらが なんこ おおい でしょうか。

しき　9 − 6 = 3

あおい はなが 3こ おおい。

4 ふりかえり・たしかめ (2)
のこりは　いくつ　ちがいは　いくつ　なまえ

① 2 − 1 = 1　② 5 − 4 = 1　③ 4 − 0 = 4
④ 3 − 2 = 1　⑤ 4 − 2 = 2　⑥ 5 − 5 = 0
⑦ 6 − 5 = 1　⑧ 5 − 3 = 2　⑨ 6 − 4 = 2
⑩ 8 − 5 = 3　⑪ 7 − 5 = 2　⑫ 6 − 3 = 3
⑬ 7 − 4 = 3　⑭ 9 − 6 = 3　⑮ 8 − 6 = 2
⑯ 10 − 3 = 7　⑰ 8 − 4 = 4　⑱ 7 − 3 = 4
⑲ 9 − 5 = 4　⑳ 10 − 4 = 6　㉑ 9 − 7 = 2
㉒ 10 − 8 = 2　㉓ 10 − 7 = 3　㉔ 10 − 5 = 5

P.53

4 ふりかえり・たしかめ (3)
のこりは　いくつ　ちがいは　いくつ　なまえ

① 9 − 2 = 7　② 7 − 3 = 4　③ 8 − 3 = 5
④ 6 − 5 = 1　⑤ 10 − 6 = 4　⑥ 8 − 6 = 2
⑦ 9 − 8 = 1　⑧ 9 − 4 = 5　⑨ 10 − 9 = 1
⑩ 8 − 2 = 6　⑪ 6 − 4 = 2　⑫ 7 − 6 = 1
⑬ 8 − 4 = 4　⑭ 10 − 8 = 2　⑮ 9 − 3 = 6
⑯ 7 − 4 = 3　⑰ 6 − 3 = 3　⑱ 7 − 2 = 5
⑲ 9 − 7 = 2　⑳ 10 − 4 = 6　㉑ 8 − 7 = 1
㉒ 10 − 2 = 8　㉓ 7 − 5 = 2　㉔ 10 − 3 = 7
㉕ 9 − 5 = 4　㉖ 10 − 5 = 5　㉗ 6 − 2 = 4
㉘ 8 − 5 = 3　㉙ 10 − 7 = 3　㉚ 9 − 6 = 3

4 ふりかえり・たしかめ (4)
のこりは　いくつ　ちがいは　いくつ　なまえ

① 4 − 2 = 2　② 5 − 0 = 5　③ 3 − 1 = 2
④ 6 − 2 = 4　⑤ 7 − 1 = 6　⑥ 4 − 3 = 1
⑦ 8 − 2 = 6　⑧ 4 − 4 = 0　⑨ 9 − 1 = 8
⑩ 7 − 3 = 4　⑪ 9 − 2 = 7　⑫ 6 − 3 = 3
⑬ 10 − 9 = 1　⑭ 8 − 5 = 3　⑮ 9 − 3 = 6
⑯ 10 − 2 = 8　⑰ 9 − 4 = 5　⑱ 8 − 3 = 5
⑲ 8 − 4 = 4　⑳ 3 − 3 = 0　㉑ 6 − 1 = 5
㉒ 8 − 1 = 7　㉓ 10 − 6 = 4　㉔ 9 − 3 = 6
㉕ 3 − 2 = 1　㉖ 7 − 6 = 1　㉗ 8 − 1 = 7
㉘ 9 − 5 = 4　㉙ 10 − 1 = 9　㉚ 7 − 6 = 1
㉛ 7 − 5 = 2　㉜ 9 − 0 = 9　㉝ 8 − 7 = 1
㉞ 5 − 3 = 2　㉟ 4 − 2 = 2　㊱ 7 − 2 = 5
㊲ 9 − 7 = 2　㊳ 6 − 1 = 5　㊴ 10 − 4 = 6
㊵ 8 − 6 = 2　㊶ 10 − 5 = 5　㊷ 9 − 6 = 3
㊸ 10 − 3 = 7　㊹ 10 − 8 = 2　㊺ 10 − 7 = 3

P.54

4 ふりかえり・たしかめ (5)
のこりは　いくつ　ちがいは　いくつ　なまえ

① 7 − 5 = 2　② 8 − 3 = 5　③ 7 − 2 = 5
④ 10 − 2 = 8　⑤ 4 − 2 = 2　⑥ 9 − 7 = 2
⑦ 5 − 3 = 2　⑧ 9 − 4 = 5　⑨ 7 − 1 = 6
⑩ 9 − 9 = 0　⑪ 3 − 1 = 2　⑫ 8 − 7 = 1
⑬ 6 − 1 = 5　⑭ 8 − 0 = 8　⑮ 5 − 1 = 1
⑯ 9 − 5 = 4　⑰ 6 − 2 = 4　⑱ 10 − 5 = 5
⑲ 7 − 6 = 1　⑳ 9 − 8 = 1　㉑ 8 − 4 = 4
㉒ 8 − 5 = 3　㉓ 5 − 5 = 0　㉔ 9 − 4 = 5
㉕ 10 − 4 = 6　㉖ 6 − 4 = 2　㉗ 9 − 6 = 3
㉘ 0 − 0 = 0　㉙ 10 − 6 = 4　㉚ 5 − 2 = 3
㉛ 5 − 3 = 2　㉜ 8 − 6 = 2　㉝ 4 − 3 = 1
㉞ 7 − 0 = 7　㉟ 9 − 3 = 6　㊱ 10 − 1 = 9
㊲ 3 − 2 = 1　㊳ 10 − 8 = 2　㊴ 7 − 4 = 3
㊵ 10 − 3 = 7　㊶ 7 − 3 = 4　㊷ 9 − 2 = 7
㊸ 8 − 2 = 6　㊹ 10 − 7 = 3　㊺ 10 − 9 = 1

4 ふりかえり・たしかめ (6)
のこりは　いくつ　ちがいは　いくつ　なまえ

● □に かずを かいて，ひきざんの しきを つくりましょう。

(例)

① 5 − 3 = 2
② 7 − 5 = 2
③ 6 − 3 = 3
④ 8 − 5 = 3
⑤ 4 − 0 = 4
⑥ 6 − 2 = 4
⑦ 7 − 2 = 5
⑧ 9 − 4 = 5

いろいろな しきが つくれるよ。

P.55

4 まとめのテスト
のこりは　いくつ　ちがいは　いくつ

【知識・技能】

① ひきざんを しましょう。(5×10)

(一) 5 − 2 = 3
② 7 − 5 = 2
③ 6 − 4 = 2
④ 8 − 2 = 6
⑤ 7 − 4 = 3
⑥ 6 − 3 = 3
⑦ 9 − 0 = 9
⑧ 10 − 8 = 2
⑨ 8 − 6 = 2
⑩ 10 − 4 = 6

② くりが 9こ ありました。4こ たべました。くりは なんこ のこって いますか。(5×2)

しき　9 − 4 = 5

こたえ　5こ

【思考・判断・表現】

③ ふうせんが 7こ ありました。3こ われました。ふうせんは なんこ のこって いますか。(5×2)

しき　7 − 3 = 4

こたえ　4こ

④ としょしつに こどもが あわせて 10にん います。せんせいは 3にん です。こどもは なんにんですか。(5×2)

しき　10 − 3 = 7

こたえ　7にん

⑤ きいろの おりがみが 9まい，あおいろの おりがみが 6まい あります。かずの ちがいは なんまいでしょうか。(5×2)

しき　9 − 6 = 3

こたえ　3まい

⑥ くわがたが 5ひき，かぶとむしが 7ひき います。どちらが なんびき おおいでしょうか。(5×2)

しき　7 − 5 = 2

かぶとむしが 2ひき おおい。

P.56

5 どちらが ながい (1)

□ どちらが ながいでしょうか。
ながい ほうの （ ）に ○を つけましょう。

① （○）
　（ ）

② （ ）
　（○）

② どちらが たかいでしょうか。
たかい ほうの （ ）に ○を つけましょう。

① （○）（ ）

② （ ）（○）

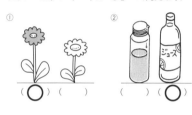

5 どちらが ながい (2)

● たてと よこでは，どちらが ながいでしょうか。
おって くらべて います。
ながい ほうの （ ）に ○を つけましょう。

①
たて（ ）　よこ（○）

②
たて（○）　よこ（ ）

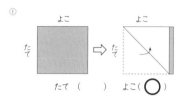
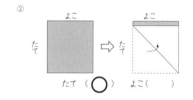

P.57

5 どちらが ながい (3)

● おなじ てえぶを つかって しらべました。
どちらが ながいでしょうか。
ながい ほうの （ ）に ○を つけましょう。

①
つくえの よこ（ ）　まどの よこ（○）

②
ろっかあの たかさ（○）
つくえの たかさ（ ）

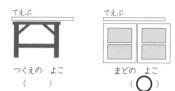
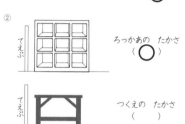

5 どちらが ながい (4)

● てえぶに ながさを うつしとって くらべました。
ながい じゅんに （ ）に ばんごうを かきましょう。

①
（2）けいじばんの よこ
（3）すいそうの ふかさ
（1）くつばこの たかさ

②
（2）てつぼうの たかさ
（3）こくばんの たて
（1）ろうかの はば
（4）せんせいの つくえの たかさ

P.58

5 どちらが ながい (5)

● 🍃を つかって，ながさを くらべます。
（ ）に あてはまる かずや きごうを かきましょう。

①
あの ながさは，🍃の（4）こぶんです。
いの ながさは，🍃の（6）こぶんです。
あと いでは，（い）の ほうが ながいです。

②
かの ながさは，🍃の（9）こぶんです。
きの ながさは，🍃の（7）こぶんです。
かと きでは，（か）の ほうが ながいです。

5 どちらが ながい (6)

● えんぴつを つかって，ながさを くらべます。
（ ）に あてはまる かずや きごうを かきましょう。

①
あの ながさは，えんぴつの（5）こぶんです。
いの ながさは，えんぴつの（4）こぶんです。
あと いでは，（あ）の ほうが ながいです。

②
かの ながさは，
えんぴつの（5）こぶんです。
きの ながさは，
えんぴつの（7）こぶんです。
かと きでは，（き）の ほうが ながいです。

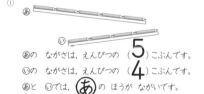

P.59

5 どちらが ながい (7)

● どちらが ながいでしょうか。
ながい ほうの （ ）に ○を つけましょう。

① （○）
　（ ）

② （ ）
　（○）

③ （○）
　（ ）

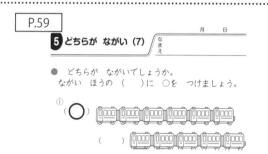

5 どちらが ながい (8)

● どちらが なんこぶん ながいでしょうか。
（ ）に あてはまる かずや きごうを かきましょう。

①
あの ながさは，ぶろっくの（9）こぶんです。
いの ながさは，ぶろっくの（8）こぶんです。
あと いでは，（あ）の ほうが ながいです。

②
かの ながさは，
ぶろっくの（8）こぶんです。
きの ながさは，
ぶろっくの（10）こぶんです。
かと きでは，（き）の ほうが
ぶろっくの（2）こぶん ながいです。

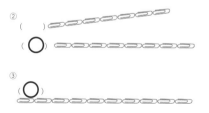

児童に実施させる前に，必ず指導される方が問題を解いてください。本書の解答は，あくまでも1つの例です。指導される方の作られた解答をもとに，本書の解答例を参考に児童の多様な考えに寄り添って○つけをお願いします。

P.60

5 どちらが ながい (9)

● えんぴつの ながさを くらべましょう。

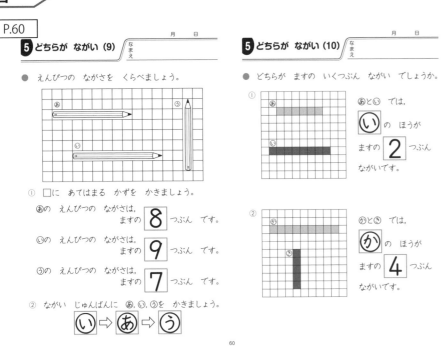

① □に あてはまる かずを かきましょう。

あの えんぴつの ながさは，ますの **8** つぶん です。

いの えんぴつの ながさは，ますの **9** つぶん です。

うの えんぴつの ながさは，ますの **7** つぶん です。

② ながい じゅんばんに あ，い，うを かきましょう。

い ⇒ あ ⇒ う

5 どちらが ながい (10)

● どちらが ますの いくつぶん ながい でしょうか。

① あと いでは，

い の ほうが ますの **2** つぶん ながいです。

② おと かでは，

か の ほうが ますの **4** つぶん ながいです。

P.61

5 ふりかえり・たしかめ (1) どちらが ながい

● どちらが ながいでしょうか。ながい ほうの（ ）に ○を つけましょう。

① （ ○ ）

② たて（ ○ ）　よこ（ ）

③ （ ○ ）　（ ）

5 ふりかえり・たしかめ (2) どちらが ながい

① くりっぷを つかって ながさを くらべます。（ ）に あてはまる かずや きごうを かきましょう。

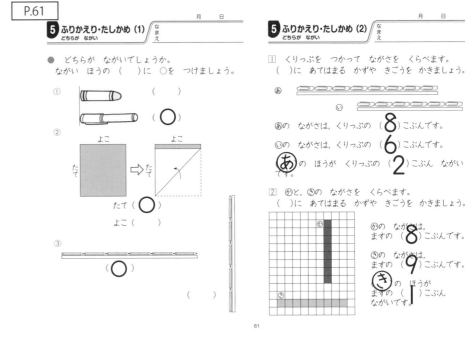

あの ながさは，くりっぷの（ **8** ）こぶんです。

いの ながさは，くりっぷの（ **6** ）こぶんです。

あ の ほうが くりっぷの（ **2** ）こぶん ながいです。

② のと，きの ながさを くらべます。（ ）に あてはまる かずや きごうを かきましょう。

のの ながさは，ますの（ **8** ）こぶんです。

きの ながさは，ますの（ **9** ）こぶんです。

き の ほうが ますの（ **1** ）こぶん ながいです。

P.62

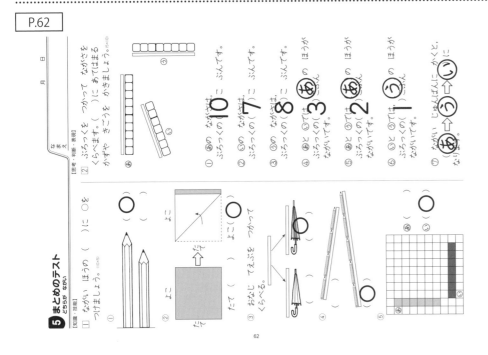

P.63

6 わかりやすく せいりしよう (1)

● それぞれの かずだけ いろを ぬりましょう。

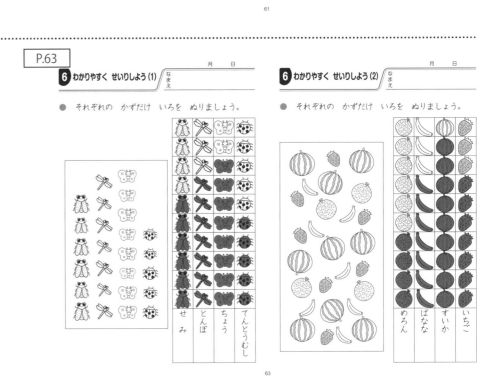

6 わかりやすく せいりしよう (2)

● それぞれの かずだけ いろを ぬりましょう。

P.64

6 わかりやすく せいりしよう (3) なまえ 月 日

● いろを ぬった ものを みて こたえましょう。

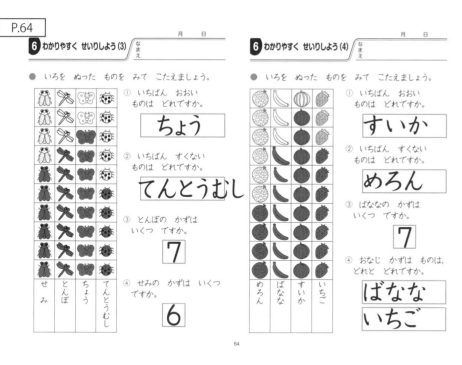

① いちばん おおい ものは どれですか。

ちょう

② いちばん すくない ものは どれですか。

てんとうむし

③ とんぼの かずは いくつ ですか。

7

④ せみの かずは いくつ ですか。

6

6 わかりやすく せいりしよう (4) なまえ 月 日

● いろを ぬった ものを みて こたえましょう。

① いちばん おおい ものは どれですか。

すいか

② いちばん すくない ものは どれですか。

めろん

③ ばななの かずは いくつ ですか。

7

④ おなじ かずは ものは，どれと どれですか。

ばなな

いちご

P.65

6 わかりやすく せいりしよう (5) なまえ 月 日

● どうぶつの かずを しらべましょう。

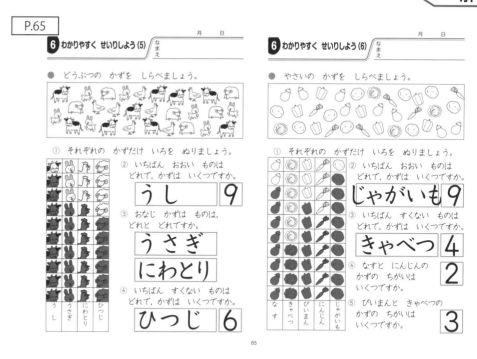

① それぞれの かずだけ いろを ぬりましょう。

② いちばん おおい ものは どれで，かずは いくつてすか。

うし **9**

③ おなじ かずは ものは，どれと どれですか。

うさぎ
にわとり

④ いちばん すくない ものは どれで，かずは いくつですか。

ひつじ **6**

6 わかりやすく せいりしよう (6) なまえ 月 日

● やさいの かずを しらべましょう。

① それぞれの かずだけ いろを ぬりましょう。

② いちばん おおい ものは どれて，かずは いくつてすか。

じゃがいも **9**

③ いちばん すくない ものは どれて，かずは いくつてすか。

きゃべつ **4**

④ なすと にんじんの かずの ちがいは いくつですか。

2

⑤ ぴいまんと きゃべつの かずの ちがいは いくつですか。

3

P.66

6 まとめのテスト わかりやすく せいりしよう

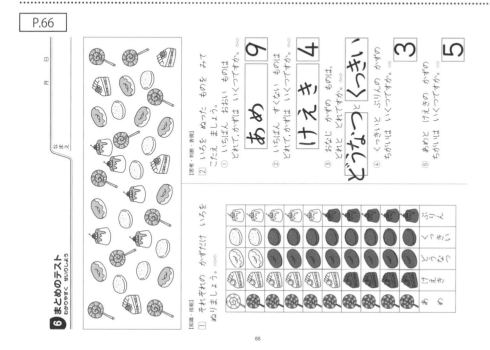

【思考・判断・表現】
[2] いろを ぬった ものを みて こたえましょう。(5×2)
① いちばん おおい ものは どれで，かずは いくつですか。

あめ **9**

② いちばん すくない ものは どれで，かずは いくつですか。

けえき **4**

③ おなじ かずの ものは，どれと どれですか。(5×2)

どうなつ
くっきい

3

④ あめと けえきの かずの ちがいは いくつですか。(5×2)

5

【知識・技能】
[1] それぞれの かずだけ いろを ぬりましょう。(10×5)

P.67

7 10より おおきい かず (1) 10より おおきい かず① なまえ 月 日

● かずを かぞえましょう。
10を つくって ◯て かこみましょう。
10と いくつかを かいて，こたえも かきましょう。

① 略

10 と 2

こたえ **12** こ

② 略

10 と 5

こたえ **15** ひき

7 10より おおきい かず (2) 10より おおきい かず② なまえ 月 日

● かずを かぞえましょう。
10を つくって ◯て かこみましょう。
10と いくつかを かいて，こたえも かきましょう。

① 略

10 と 6

こたえ **16** わ

② 略

10 と 9

こたえ **19** まい

解答

児童に実施させる前に，必ず指導される方が問題を解いてください。本書の解答は，あくまでも1つの例です。指導される方の作られた解答をもとに，本書の解答例を参考に児童の多様な考えに寄り添って○つけをお願いします。

P.68

7 10より おおきい かず (3)
10より おおきい かず①
なまえ　　　月　日

● かずを かぞえましょう。
かずだけ ぶろっくに いろを ぬりましょう。
10と いくつかを かいて，こたえも かきましょう。

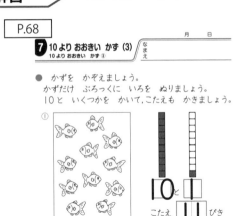

① 10と 1
こたえ 11 ぴき

② 10と 8
こたえ 18 こ

---

7 10より おおきい かず (4)
10より おおきい かず④
なまえ　　　月　日

● かずを かぞえましょう。
かずだけ ぶろっくに いろを ぬりましょう。
10と いくつかを かいて，こたえも かきましょう。

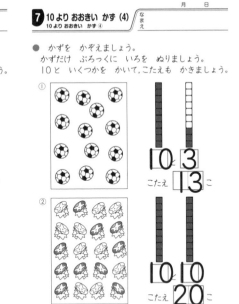

① 10 3
こたえ 13 こ

② 10 10
こたえ 20 こ

68

P.69

7 10より おおきい かず (5)
10より おおきい かず⑤
なまえ　　　月　日

● ぶろっくの かずを □ に かきましょう。

① 12　② 15　③ 16　④ 13　⑤ 11

⑥ 14　⑦ 19　⑧ 18　⑨ 17　⑩ 20

---

7 10より おおきい かず (6)
10より おおきい かず⑥
なまえ　　　月　日

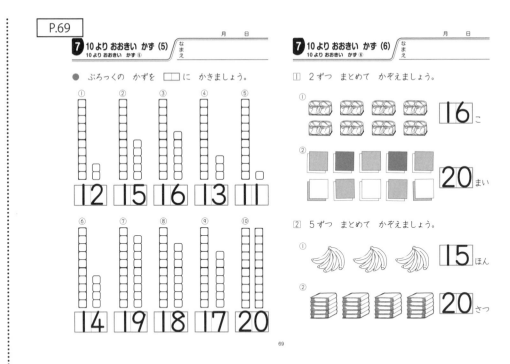

① 2ずつ まとめて かぞえましょう。

① 16 こ
② 20 まい

② 5ずつ まとめて かぞえましょう。

① 15 ほん
② 20 さつ

69

P.70

7 10より おおきい かず (7)
10より おおきい かず⑦
なまえ　　　月　日

● したの えを みて こたえましょう。

① なんにん ならんで いますか。
17 にん

② しゅんやさんは，まえから なんにんめですか。
13 にんめ

③ れんさんは うしろから なんにんめですか。
16 にんめ

④ まえから 15にんめには，だれが いますか。
たけし

70

---

7 10より おおきい かず (8)
10より おおきい かず⑧
なまえ　　　月　日

● □に かずを かきましょう。

① 17は 10と **7**

② 15は 10と **5**

③ 16は **10** と 6

④ 13は **10** と 3

⑤ 19は **9** と 10

⑥ 11は **1** と 10

⑦ **14** は 10 と 4

⑧ **20** は 10 と 10

P.71

7 10より おおきい かず (9)
10より おおきい かず⑨
なまえ　　　月　日

● □に あてはまる かずを かきましょう。

① 16 → 10 6
② 12 → 10 2
③ 11 → 10 1

④ 18 → 10 8
⑤ 14 → 10 4
⑥ 15 → 10 5

⑦ 13 → 10 3
⑧ 19 → 10 9
⑨ 20 → 10 10

71

---

7 10より おおきい かず (10)
10より おおきい かず⑩
なまえ　　　月　日

● □に あてはまる かずを かきましょう。

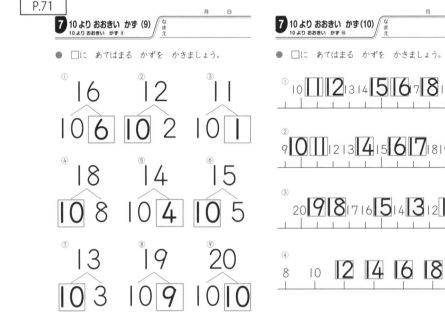

① 10 **11 12** 13 14 **15 16** 17 **18** 19 20

② 9 **10 11** 12 13 **14** 15 **16 17** 18 19 **20**

③ 20 **19 18** 17 16 **15** 14 **13** 12 **11** 10

④ 8 10 **12 14 16 18** 20

100

P.72

7 10より おおきい かず(11)

● おおきい ほうの かずに ○を つけましょう。

かずの せんを みて かんがえよう。

9 10 11 12 13 14 15 16 17 18 19 20

① 9 　(10)
② 17 　(18)
③ 12 　(14)
④ (15) 　13
⑤ (19) 　16
⑥ 14 　(15)
⑦ 18 　(20)
⑧ 12 　(17)
⑨ (18) 　16
⑩ (20) 　19

7 10より おおきい かず(12)

● かずの せんを みて，□に あてはまる かずを かきましょう。

9 10 11 12 13 14 15 16 17 18 19 20

① 12より 2 おおきい かずは **14** です。
② 14より 3 おおきい かずは **17** です。
③ 11より 5 おおきい かずは **16** です。
④ 16より 4 おおきい かずは **20** です。
⑤ 13より 3 ちいさい かずは **10** です。
⑥ 15より 2 ちいさい かずは **13** です。
⑦ 18より 4 ちいさい かずは **14** です。
⑧ 20より 5 ちいさい かずは **15** です。

P.73

7 10より おおきい かず(13)

● □に あてはまる かずを かきましょう。

① 10と 3を あわせた かずは **13** です。
しき 10 + **3** = **13**

② 10に 7を たした かずは **17** です。
しき 10 + **7** = **17**

③ 16から 6を とった かずは **10** です。
しき 16 − **6** = **10**

④ 19から 9を ひいた かずは **10** です。
しき 19 − **9** = **10**

7 10より おおきい かず(14)

① 10 + 2 = **12**　② 10 + 9 = **19**
③ 10 + 4 = **14**　④ 10 + 6 = **16**
⑤ 10 + 8 = **18**　⑥ 10 + 5 = **15**
⑦ 17 − 7 = **10**　⑧ 13 − 3 = **10**
⑨ 11 − 1 = **10**　⑩ 14 − 4 = **10**
⑪ 15 − 5 = **10**　⑫ 12 − 2 = **10**

P.74

7 10より おおきい かず(15)

① ぶろっくを みて けいさんしましょう。

① 15 + 2
② 14 + 5

15 + 2 = **17**　14 + 5 = **19**

② けいさん しましょう。

① 15 + 3 = **18**　② 13 + 2 = **15**
③ 12 + 4 = **16**　④ 12 + 6 = **18**

7 10より おおきい かず(16)

① ぶろっくを みて けいさんしましょう。

① 18 − 3
② 16 − 4

18 − 3 = **15**　16 − 4 = **12**

② けいさん しましょう。

① 19 − 4 = **15**　② 18 − 5 = **13**
③ 16 − 3 = **13**　④ 17 − 6 = **11**

P.75

7 10より おおきい かず(17)

① 11 + 3 = **14**　② 15 + 4 = **19**
③ 13 + 4 = **17**　④ 16 + 2 = **18**
⑤ 12 + 5 = **17**　⑥ 17 + 2 = **19**
⑦ 13 + 6 = **19**　⑧ 14 + 4 = **18**
⑨ 15 − 2 = **13**　⑩ 19 − 6 = **13**
⑪ 17 − 3 = **14**　⑫ 14 − 2 = **12**
⑬ 16 − 4 = **12**　⑭ 18 − 4 = **14**
⑮ 17 − 5 = **12**　⑯ 17 − 2 = **15**

7 10より おおきい かず(18)

① 12 + 7 = **19**　② 13 + 2 = **15**
③ 13 + 6 = **19**　④ 16 + 2 = **18**
⑤ 14 + 2 = **16**　⑥ 11 + 3 = **14**
⑦ 15 + 2 = **17**　⑧ 14 + 3 = **17**
⑨ 12 + 6 = **18**　⑩ 12 + 3 = **15**
⑪ 17 + 2 = **19**　⑫ 14 + 5 = **19**
⑬ 18 − 3 = **15**　⑭ 15 − 3 = **12**
⑮ 13 − 3 = **10**　⑯ 19 − 6 = **13**
⑰ 19 − 4 = **15**　⑱ 17 − 4 = **13**
⑲ 12 − 1 = **11**　⑳ 16 − 3 = **13**
㉑ 14 − 2 = **12**　㉒ 19 − 7 = **12**
㉓ 16 − 4 = **12**　㉔ 18 − 4 = **14**

P.76

7 10より おおきい かず(19)　20より おおきい かず①　なまえ

● かずを かぞえましょう。
かずだけ ぶろっくに いろを ぬって，□に すうじで かきましょう。

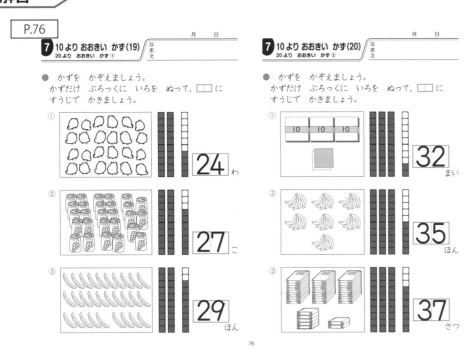

① **24** わ
② **27** こ
③ **29** ほん

7 10より おおきい かず(20)　20より おおきい かず②　なまえ

● かずを かぞえましょう。
かずだけ ぶろっくに いろを ぬって，□に すうじで かきましょう。

① **32** まい
② **35** ほん
③ **37** さつ

P.77

7 10より おおきい かず(21)　20より おおきい かず③　なまえ

● かずを かぞえましょう。
□に あてはまる かずを かきましょう。

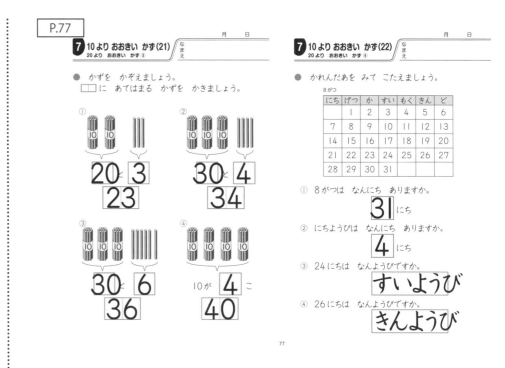

① **20** と **3** で **23**
② **30** と **4** で **34**
③ **30** と **6** で **36**
④ 10が **4** こ で **40**

7 10より おおきい かず(22)　20より おおきい かず④　なまえ

● かれんだあを みて こたえましょう。

8がつ

にち	げつ	か	すい	もく	きん	ど
		1	2	3	4	5	6
7	8	9	10	11	12	13
14	15	16	17	18	19	20
21	22	23	24	25	26	27
28	29	30	31			

① 8がつは なんにち ありますか。 **31** にち
② にちようびは なんにち ありますか。 **4** にち
③ 24にちは なんようびですか。 **すいようび**
④ 26にちは なんようびですか。 **きんようび**

P.78

7 ふりかえり・たしかめ (1)　10より おおきい かず　なまえ

① つぎの かずを □に かきましょう。

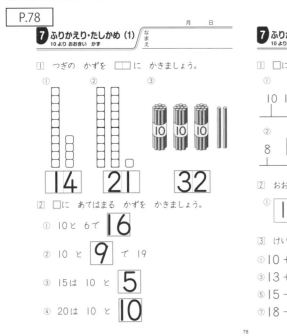

① **14**　② **21**　③ **32**

② □に あてはまる かずを かきましょう。
① 10と 6で **16**
② 10と **9** で 19
③ 15は 10と **5**
④ 20は 10と **10**

7 ふりかえり・たしかめ (2)　10より おおきい かず　なまえ

① □に あてはまる かずを かきましょう。
① 10 11 12 **13 14** 15 **16** 17 **18 19** 20
② 8 **10** **12** **14** **16** 18 20

② おおきい ほうの かずに ○を つけましょう。
① 12 (**14**)　② (**20**) 19

③ けいさんを しましょう。
① 10+7= **17**　② 13+5= **18**
③ 13+3= **16**　④ 10+10= **20**
⑤ 15-5= **10**　⑥ 19-7= **12**
⑦ 18-3= **15**　⑧ 17-4= **13**

P.79

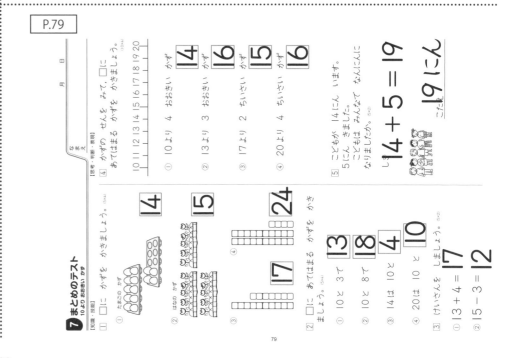

7 まとめのテスト　10より おおきい かず

【知識・技能】
① □に このこの かず。
① **14**
② **15**
③ **24**

② □に あてはまる かずを かきましょう。
① 10と 3で **13**
② 10と 8で **18**
③ 14は 10と **4**
④ 20は 10と **10**

③ けいさんを しましょう。
① 13+4= **17**
② 15-3= **12**

【思考・判断・表現】
④ かずの せんを みて，□に あてはまる かずを かきましょう。
10 11 12 13 14 15 16 17 18 19 20
① 10より 4 おおきい かず **14**
② 13より 3 おおきい かず **16**
③ 17より 2 ちいさい かず **15**
④ 20より 4 ちいさい かず **16**

⑤ こどもが 14にん います。
5にん きました。
こどもは みんなで なんにんに なりましたか。
しき **14+5=19**
こたえ **19にん**

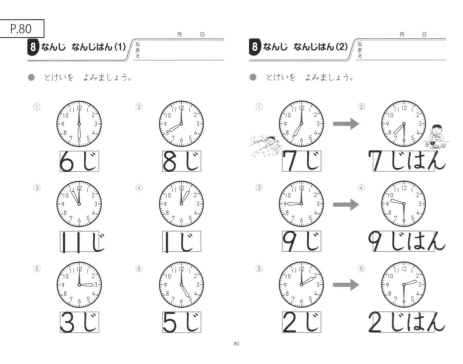
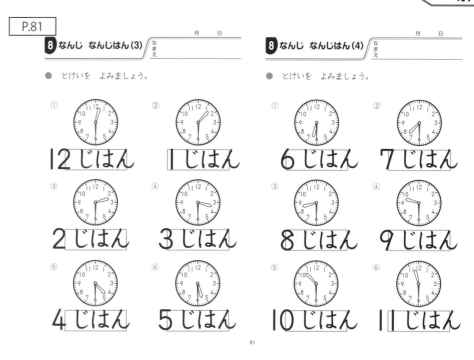
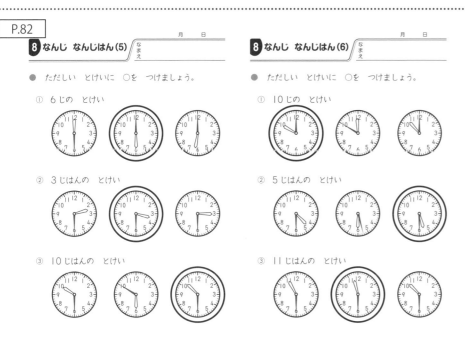
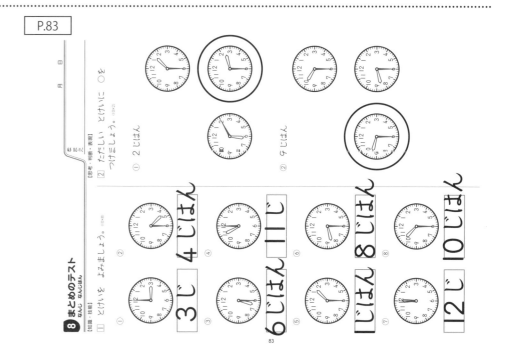

103

教科書にそって 学べる

算数教科書プリント 1 年 ①
東京書籍版

2023 年 3 月 1 日　　第 1 刷発行

イ ラ ス ト ： 山口 亜耶 他
表紙イラスト： 鹿川 美佳
表紙デザイン： エガオデザイン
執 筆 協 力 者： 新川 雄也
企画・編著： 原田 善造・あおい えむ・今井 はじめ・さくら りこ・中 あみ
　　　　　　　中 えみ・中田 こういち・なむら じゅん・はせ みう
　　　　　　　ほしの ひかり・堀越 じゅん・みやま りょう（他 4 名）
編 集 担 当： 川瀬 佳世

発 行 者： 岸本 なおこ
発 行 所： 喜楽研（わかる喜び学ぶ楽しさを創造する教育研究所：略称）
　　　　　　〒604-0827　京都府京都市中京区高倉通二条下ル瓦町 543-1
　　　　　　TEL　075-213-7701　FAX　075-213-7706
　　　　　　HP　https://www.kirakuken.co.jp
印　　刷： 創栄図書印刷株式会社

ISBN:978-4-86277-373-9
Printed in Japan

喜楽研 WEB サイト
書籍の最新情報（正誤表含む）は
喜楽研 WEB サイトをご覧下さい。

学校現場では，本書ワークシートをコピー・印刷して児童に配布できます。
学習する児童の実態にあわせて，拡大してお使い下さい。